Brigitte Gogl | Marianne Hengl
Stehaufmenschen

BRIGITTE GOGL | MARIANNE HENGL

STEHAUF MENSCHEN

GESCHICHTEN, DIE **MUT** MACHEN

TYROLIA-VERLAG • INNSBRUCK-WIEN

INHALT

VORWORT

Immer mehr Menschen konzentrieren sich in unserer heutigen Gesellschaft auf Äußerlichkeiten, Macht und Reichtum. Die Medien tragen mit ihrer oft nicht objektiven Berichterstattung sehr viel zu diesem Dilemma bei. Es werden uns falsche Bilder und Werte vorgegaukelt, die nicht den Tatsachen des Lebens entsprechen. Jene Menschen, die im Hintergrund Zivilcourage und Stärke zeigen, werden in der Gesellschaft kaum beachtet.

So ist in mir der große Wunsch entstanden, die echten Stars – von mir werden sie Helden und Vorbilder genannt – vor den Vorhang zu holen. Trotz schwerer Schicksalsschläge haben diese Menschen den wirklich großen Herausforderungen im Leben standgehalten und dem Dasein die Stirn geboten.

ORF Radio Tirol hat meine Idee aufgegriffen und die Radiosendung „Stehaufmenschen" daraus gemacht. ORF-Moderator Rainer Perle und ich holen jeden ersten Sonntag im Monat Menschen und ihre besonderen Lebensgeschichten vor das Mikrofon.

Autorin Brigitte Gogl hat für dieses Buchprojekt 16 „Stehaufmenschen" aus der Radiosendung zu Hause besucht. Einfühlsam und selbst überwältigt von deren Geschichten, zeigt sie auf, wie diese Helden mit ihren großen Lebensaufgaben kämpfen, wie sie mit Behinderung, Krankheit oder auch Verlust umgehen.

Das Wichtigste ist, sich im Leben nicht unterkriegen und sich in schweren Stunden auch mal von anderen helfen zu lassen. Immer wieder aufstehen. Krone richten. Weitergehen!

Im Buch „Stehaufmenschen" stellen wir Charaktere vor, die es geschafft haben, in schweren Tagen den vorbestimmten Lebensweg mutig weiterzugehen. So wurden diese Menschen zu großen Vorbildern.

Es ist mir stets eine unbeschreibliche Ehre und Freude, Persönlichkeiten zu treffen, die mit ihren Lebensgeschichten anderen Mut machen, und ich bin überzeugt davon: Angesichts dieser starken „Stehaufmenschen" werden die Alltagssorgen vieler Erdenbürger recht klein erscheinen. Von diesen bewegenden Biografien kann man viel für sein eigenes Leben lernen.

„Nicht alle Stürme kommen, um dein Leben zu erschüttern.
Manche kommen, um dir den Weg frei zu machen."

Marianne Hengl

Marianne Hengl (rechts) und Rainer Perle im Gespräch mit Martina Handle

„Muss ich jetzt sterben?"

LISA ZÖHRER

JAHRGANG 1998

Plötzlich war er da, der Knoten. Die schlimmsten Befürchtungen wurden wahr: Lisa hat Lymphdrüsenkrebs. Niemals hätte sich die damals 19-Jährige gedacht, dass sie so jung so schwer erkranken würde. Von einem Tag auf den anderen war für die junge Studentin in ihrem Leben alles anders. Anstatt Zukunftspläne zu schmieden, musste Lisa Zöhrer sich mit den zentralen Fragen von Leben und Tod auseinandersetzen. Zu ihrer eigenen großen Überraschung konnte sie die Krebserkrankung aber annehmen und sogar stärker daraus hervorgehen.

Lisa Zöhrer erinnert sich noch genau an den Moment, als sie den Knoten zum ersten Mal gespürt hat: „Zuerst war ich gar nicht so beunruhigt, weil ich ja nie krank war außer einmal eine Grippe oder so, und ich hatte keinerlei Beschwerden." Als ihre Eltern eine Woche später aus dem Urlaub nach Hause kommen, beschließt man, den Knoten doch im Krankenhaus anschauen zu lassen. Antibiotika machen das Gewächs nicht kleiner, und so erfolgt eine Biopsie, schließlich wird der Knoten komplett entfernt.

Den Tag der Befundbesprechung wird Lisa nie mehr vergessen: „Meine Freundin wurde rausgeschickt, dann sind die Ärzte gekommen und haben mir gesagt, es handelt sich um Lymphdrüsenkrebs. Es hat mir den Boden unter den Füßen weggezogen. Es war ein Schock, dann sind auch Tränen geflossen." Wirklich realisiert hat Lisa die Diagnose allerdings erst, als ihre Schwester ins Zimmer gekommen ist und geweint hat. Da ist ihr wirklich klargeworden, wie ernst es um sie steht. „Muss ich jetzt sterben?", fragt Lisa die Ärzte, aber das kann ihr zu diesem Zeitpunkt niemand sagen.

Zwischen Juli und Weihnachten 2018 wird Lisa Zöhrer vier Chemotherapien und 17 Bestrahlungszyklen erhalten. Davor muss Lisa weitreichende Entscheidungen treffen. In alle Behandlungsschritte, jede Operation und jede Therapie muss sie selbst per Unterschrift die Einwilligung geben, zumal sie gerade volljährig geworden ist. Sie hat ihr Leben vor sich, sie will unbedingt eine Familie und Kinder haben – und jetzt kann ihr niemand sagen, ob das nach der Krebstherapie überhaupt noch möglich sein wird. Lisa entscheidet sich dazu, Eizellen einfrieren zu lassen, für alle Fälle, denn die Chemiekeulen werden ihren jungen Körper mehr schädigen, als sie es sich vorstellen kann.

Während der Chemotherapien ist sie hart im Nehmen: Stark bleiben, nicht aufgeben, kämpfen, durchbeißen – das sind ihre Devisen, die sie schon als Mädchen im Leistungssport so sehr verinnerlicht hat. „Wenn du als Kind mit einem Riesenrucksack und zwei paar Skiern tagelang ohne Eltern am Gletscher beim Skitraining bist, dann bist du einfach diszipliniert und hältst auch im Leben einiges aus", sagt Lisa.

Zum anderen bleibt ihr auch gar nichts anderes übrig, als die Behandlungen mit allen Höhen und Tiefen zu ertragen: „Natürlich habe ich mir jeden Tag gewünscht, gesund zu sein. Trotzdem wusste ich immer, dass ich eben schwer krank bin und dass es aus dieser Situation keinen Ausweg gibt. Man muss die Behandlungen über sich ergehen lassen, um eine Chance auf Heilung zu haben", erinnert sich Lisa. Wenn man in diese schwierige Lebenslage gerät, dann lerne man intuitiv, damit umzugehen: „Ich versuche, stets nach dem Leitsatz zu leben, dass alles aus einem bestimmten Grund passiert. Und auch wenn es in vielen Situationen kaum vorstellbar ist, dass sich hinter einer so misslichen Lage etwas Positives verbirgt, muss ich sagen, dass ich so viel gelernt habe, weil ich es lernen musste."

Lisas erster Gedanke nach der Diagnose ist beispielsweise, die Krebserkrankung alleine durchzustehen, den Leuten nichts zu sagen, ihre Familie so wenig wie möglich damit zu belasten: „Das klingt jetzt vielleicht komisch, aber ich habe mich fast dafür geschämt, krank zu sein", erzählt die junge Studentin.

Doch schneller als befürchtet wird ihre Krebserkrankung offenbar. Eine Woche nach der ersten Chemotherapie fallen Lisas lange, blonde Haare aus. Sie geht aktiv mit der Situation um: „Ich wusste, dann will ich sie abrasieren." Gemeinsam mit ihrem Freund macht sie kurzen Prozess, und die beiden können sogar lachen in diesem tragischen Moment. „Zu zerbrechen war für mich keine Option, ich bin zu jung, ich werde kämpfen und den Krebs auch besiegen", beschließt Lisa, jetzt mit Glatze.

Während der monatelangen Therapie gibt es für die junge Frau viele schlimme Tage, auch wenn sie rückblickend überrascht ist, wie viel normales Leben in dieser Zeit für sie möglich ist. Zwischen den Behandlungen kann sie einiges unternehmen, auch mit Freunden, in der Natur Kraft tanken, und sie kann sogar ihr Logopädie-Studium weiterführen. Diese wenigen Stunden der Normalität zählen für Lisa zu den schönsten Momenten ihrer Krankheit, die sie sehr oft in die Klinik zwingt, obwohl die Anti-Krebs-Behandlungen meist ambulant erfolgen können.

Ihr Freund ist an den Therapietagen, die so sehr an ihre Substanz gehen, immer bei ihr. Er kümmert sich um alles, studiert die Liste der Nebenwirkungen, die sie selber gar nicht wissen will, und ist insgesamt ein aufmerksamer und einfühlsamer Begleiter. Die beiden können auch während der Chemotherapie noch scherzen: „Einmal war mein Freund kurz draußen und erzählte dann, was er im Gang für einen üblen Beutel gesehen hat, mit einer blauen Folie und einem gelben Schlauch und einem UV-Schutz rundherum." Im nächsten Moment geht die Tür auf, und ausgerechnet bei Lisa wird der Beutel mit dem Totenkopf an den Infusionsständer angehängt. Worauf beide richtig lachen müssen.

Die Ängste allerdings, die kommen immer wieder schmerzlich hoch. „Man hat sich mit 19 oder 20 Jahren ja noch nicht wirklich mit dem Tod beschäftigt", sagt Lisa Zöhrer und erzählt davon, wie man laufend gezwungen wird, dem eigenen Tod ins Auge zu schauen.

Bei einem längeren Klinik-Aufenthalt sitzt sie mit einer Freundin in der Krankenhaus-Cafeteria, um wieder etwas Kraft zu tanken, längst ohne Haare und sichtlich von den vielen Medikamenten in Mitleidenschaft gezogen, da kommt ein Mann an ihren Tisch und wünscht ihr freundlich eine gute Besserung. Und merkt in einem Nachsatz an: „Wenn das überhaupt noch möglich ist." Für Lisa ist diese Aussage wie ein Keulenschlag, wieder einmal wird sie mit der Möglichkeit des baldigen Todes konfrontiert, der Satz brennt sich förmlich in ihr ein, sodass sie ihn nie wieder vergessen wird.

Zurück in ihrem Zimmer hat sie eine neue Zimmernachbarin, die nach der Chemotherapie mit großer Übelkeit zu kämpfen hat. „Bei 35 Grad im Zimmer war das nicht auszuhalten, ich bin in den Aufenthaltsraum geflüchtet." Da wird sie vertrieben, weil gerade eine Mitpatientin gestorben ist und die Familie in diesem Raum von der Seelsorgerin betreut werden sollte. „Alles in allem war dieser Tag einfach nur furchtbar für mich. Ich habe mich an keinem anderen Tag schlechter und kranker gefühlt als an jenem Tag. So offensichtlich als krank und scheinbar hoffnungslos erkannt und angesprochen zu werden und am selben Tag dem Tod noch so nahe sein zu müssen, war eine furchtbare Erfahrung."

Ihre Familie will Lisa nicht mit ihren Ängsten konfrontieren. Auch ihrem Freund gegenüber empfindet sie das als schwierig: „Wieso redest du über sowas, das ist jetzt nicht relevant, du überlebst das!" Für Lisa sieht es danach aus, als gäbe es die Möglichkeit, dass sie so jung sterben könnte, für ihr Umfeld gar nicht.

Dass das Lebensalter für die Überwindung einer Erkrankung immer ausschlaggebend ist, glaubt Lisa nur bedingt. Einmal wurde sie von einem 83-jährigen Mann auf der Chemoambulanz angesprochen. Er meinte, wie unfair es sei, dass sie bessere Heilungschancen hätte als er. Dass es nicht fair sei, dass sie aufgrund ihres Alters eine bessere Chance hätte, die Erkrankung zu überleben, als er. Im ersten Moment war Lisa schockiert von dieser Aussage: „Wie kann ein 83-Jähriger es unfair empfinden, dass eine 20-Jährige bessere Chancen hat, eine Krebserkrankung zu überleben? Ich bin froh, wenn ich nur halb so alt werden darf wie er. Das war der erste Gedanke, der mir durch den Kopf gegangen ist." Durch dieses Erlebnis wurde Lisa klar, dass man sich nie „alt genug" zum Sterben fühlt. Ihr wurde bewusst, dass ein 83-jähriger Mann dieselbe Angst vor dem Tod haben kann wie ein junger Mensch. Und dass er genauso weiterleben möchte wie ein 20-jähriges Mädchen. „Daher glaube ich, dass die Lebenseinstellung einen großen Einfluss auf die Verarbeitung der Erkrankung hat", sagt Lisa. Sie habe einige ältere Patientinnen und Patienten kennengelernt, die viel mehr mit ihrem Schicksal gehadert hätten als die jüngeren Patientinnen und Patienten.

Lisa spricht über ihre Sorgen immer wieder mit der Psychoonkologin an der Klinik, über die nagende Angst, den 21. Geburtstag nicht mehr erleben zu dürfen. Aber welche Gedanken können da überhaupt helfen, was hat für Lisa die Angst vor dem Tod beherrschbar gemacht? „Es war allein schon die Tatsache, das alles einmal laut aussprechen zu können, den Worstcase, dass der Tod eintreten könnte. Was sie mir geraten hat, weiß ich heute gar nicht mehr, es war einfach so befreiend, selber meine Gedanken offen zu formulieren", erinnert sich Lisa Zöhrer, wie sich ihr Bezug zum Thema Sterben und Tod in dieser Zeit stark verändert hat. Von einer wirklichen Panik und dem Bemühen, den Gedanken gar nicht erst aufkommen zu lassen, kommt sie hin zur beruhigenden Überzeugung, dass das Sterben jedem Menschen irgendwann einmal passiert, dem einen früher, dem anderen später.

Und so bewältigt sie noch während der Therapien die Angst vor dem Sterben – auch, indem sie erkennt, dass es für sie eigentlich die Sorge ist, so viel im Leben zu verpassen: Niemals eine Familie aufbauen, nie einen Partner heiraten, nie ihren angestrebten Beruf der Logopädin ausüben, einfach das geplante Leben nie umsetzen können.

Sie verliert die Angst, aber auch die Leichtigkeit. Das unbeschwerte Leben einer 20-Jährigen ist schlagartig vorbei, die Prioritäten im Leben verschieben sich: „Wenn man sich früher überlegt hat, soll ich die Haare heute Abend lockig haben oder soll ich sie glätten, oder welchen Puder kaufe ich mir, das wird halt alles unwichtig, wenn man keine Haare mehr hat", sagt Lisa.

Doch die Behandlungen schlagen gut an, der Knoten wird im Laufe der Monate spürbar kleiner und Lisa erhält nach langem Bangen und Hoffen endlich die erlösende Nachricht: Sie hat den Krebs besiegt! Alle feiern mit ihr diese frohe Botschaft, sind glücklich und erleichtert – nur für Lisa selbst ist der große Tag nicht so, wie sie ihn sich ausgemalt hat: „Ich habe mir gedacht, mit fällt dann ein Riesenstein vom Herzen und alles ist super, aber so war es nicht." Lisa findet sich nach der ersten großen Freude völlig überraschend in einem großen, schwarzen Loch wieder.

Es beginnt die Phase, die Lisa heute als „schwieriger als die Erkrankung an sich" bezeichnet. Für alle anderen, für Familie und Freunde passt jetzt alles wieder, man ist gesund. „Aber man kann nicht ganz normal weiterleben, jetzt kommt die große Unsicherheit, was ist, wenn der Krebs zurückkehrt und niemand tut etwas dagegen, ich kriege ja keine Medikamente mehr, ich bin allein mit dem Feind in meinem Körper", erinnert sich Lisa an diese schwierige Zeit.

Am schlimmsten ist, wenn diese Ängste vor dem Wiederkehren der Erkrankung heruntergespielt werden. „Ganz besonders in dieser Situation will man sich verstanden fühlen und nicht das Gefühl vermittelt bekommen, dass das jetzt total irrationale Ängste oder unwichtige Gedanken sind", hat Lisa inzwischen auch von anderen Betroffenen erfahren. „Besser wäre die Botschaft: Ja, es stimmt, es kann wieder etwas zurückkommen, und wir können tun, was in unserer Macht steht, wir können auf die Ernährung achten oder Sport machen, alles tun, was dir guttut", erklärt Lisa. Sie kämpft über Monate mit diesen unerträglichen Gedanken, die besonders vor den Nachuntersuchungen für sie kaum zu ertragen sind.

Lisa hat den Krebs besiegt, das zeigen die Kontrolltermine beständig. Die Angst vor einer schlechten Nachricht wird mit jeder Nachuntersuchung kleiner. Und die Kräfte wachsen in Lisa langsam wieder, was sie daran spürt, dass sie sich wieder um die Verwirklichung ihrer Lebensziele kümmern will.

Bald wird Lisa Zöhrer als Logopädin ins Berufsleben einsteigen. Und den großen Traum von einer eigenen Familie und Kindern, den Lisa schon vor ihrer Erkrankung hatte, will sie weiterhin verwirklichen. Wenn auch nicht mehr mit dem Partner, der sie durch die Krankheit begleitet hat. Danach haben sich die beiden Leben in verschiedene Richtungen entwickelt, sagt Lisa, so wie eben die Fragen an das Leben nicht mehr dieselben sind wie vor der Erkrankung.

Was ist die größte Erkenntnis für die junge Kämpferin, die eine lebensbedrohliche Krankheit so bewundernswert bewältigt hat? „Man muss nicht in jedem Moment im Leben stark sein. Schwäche soll man immer im Leben zulassen, weil es eine Stärke ist, wenn man Schwäche zeigen kann", sagt Lisa Zöhrer.

Da war die Welt noch in Ordnung: Lisa Zöhrer mit Schwester
und Mutter (**1**) und bei einer
Familienfeier (**2**). Der Leistungssport hat sie stark gemacht (**3**),
sodass sie ihrer Krebserkrankung
mutig und in Würde begegnen
konnte (**4/5**).

Von schönen Tönen
zum Leben erweckt

SEPP MARGREITER

JAHRGANG 1952

Er war ein „gestandener" Tiroler, wie man so sagt, mit beiden Beinen fest im Leben stehend. Sein Traum war es, einmal wie Karl Schranz Skirennläufer zu sein. Er trainierte hart, aber nach ein paar Beinbrüchen war es aus mit der geplanten Karriere und er wurde stattdessen Chef einer Skischule und ein hervorragender Musikant – so feierte Sepp Margreiter schließlich viele Erfolge im In- und Ausland. Bis ihn ein dramatischer Arbeitsunfall jäh aus seinem Leben riss: Der 46-Jährige wurde beim Holzarbeiten von einem Baum beinahe erschlagen und war fortan querschnittgelähmt.

ch habe geglaubt, jetzt ist alles vorbei. Wenn ich damals schon gewusst hätte, was im Rollstuhl noch alles möglich ist, dann hätte ich nicht so viel weinen müssen", sagt der an sich hartgesottene Sepp Margreiter heute über sein Leben, das sich seit dem lebensbedrohlichen Unfall so massiv verändert hat.

Sepp, verheiratet und Vater von drei Söhnen, ist im Mai 1999 mit seinen Kollegen beim Holzarbeiten im Wald. Es ist alles wie immer, die Motorsägen heulen, oberhalb von ihm wird ein Baum gefällt,

Sepp Margreiter trägt Helm und Gehörschutz. Doch dann das Unerwartete: Ein Baum ist morsch und fällt in die falsche Richtung. Die Kollegen warnen Sepp noch durch Schreie, doch die kann er nicht hören. Der Baum fällt falsch, und er fällt dem Sepp genau ins Kreuz.

Eine beispiellose Rettungsaktion beginnt: Per Hubschrauber kommt sofort der Notarzt, und er erkennt die akute Lebensgefahr, weil sein Patient dabei ist, innerlich zu verbluten. Der Arzt operiert mitten im Wald, öffnet den Brustkorb und legt Drainagen, damit das Blut abfließen kann. Ein paar Minuten später, und Sepp Margreiter wäre nicht mehr am Leben.

Doch das Bangen bleibt: Sechs Wochen lang liegt Margreiter im Koma, mit sechs gebrochenen Wirbeln, einem praktisch durchtrennten Rückenmark und einem lebensgefährlichen Lungenriss. Monatelang wird er auf der Intensivstation künstlich beatmet, bis endlich Entwarnung gegeben werden kann. Ganz benebelt ist Sepp Margreiter noch von den vielen Schmerzmitteln, als er in der Aufwachphase plötzlich eine ganz zarte Melodie hört, die er aber nicht zuordnen kann. „Das glaubt man nicht, aber ich dachte wirklich, jetzt bin ich tot und im Himmel angekommen", lacht Sepp Margreiter heute. Doch die Musik ist real, ein Arzt hatte die Idee, den 11-jährigen Sohn von Sepp auf der Intensivstation mit der Ziehharmonika spielen zu lassen. „Er hatte recht, das hat meine Lebensgeister ganz schnell wieder geweckt, das Erlebnis werde ich nie mehr vergessen."

So wie sich jener Tag einprägt, als der Pfarrer auf der Intensivstation auftaucht und dem Sepp ein Stück Hostie in den Mund schiebt. „Ich habe mich innerlich furchtbar aufgeregt, weil ich geglaubt habe, jetzt geht es mit mir zu Ende und der Pfarrer ist gekommen, um mir die Letzte Ölung zu geben." Dabei ist es nur ein normaler Sonntagsbesuch des Pfarrers und Sepp ist mittlerweile klar in Richtung Genesung unterwegs. Die Querschnittlähmung freilich wird ihn sein Leben lang begleiten.

Aber davon ahnt Sepp Margreiter zu diesem Zeitpunkt noch nichts. Dass er querschnittgelähmt ist, erfährt er nämlich nicht hochoffiziell, sondern eher zufällig: Als er erkennt, dass er seine Beine nicht mehr bewegen kann, sagt eine Krankenschwester zu ihm, sie kenne einige Querschnittgelähmte, die weiterhin selbständig eine Firma führen. „Da war mir plötzlich klar, dass ich im Rollstuhl sitzen werde. Dieser Satz hat sich in meinem Hirn eingebrannt, ich war total verzweifelt und habe hemmungslos geweint."

Sepp Margreiter kommt nach dem Krankenhaus in das Rehabilitationszentrum Bad Häring, das auf querschnittgelähmte Patientinnen und Patienten spezialisiert ist. Er wird liegend transportiert und ist so schwach, dass er kaum die Arme heben kann. Aber sein Kampfgeist ist nach vielen Tränen und nach dem ersten Schock schon wiedererwacht. „Bis Dezember muss ich wieder fit sein, denn die Skischule wartet auf mich", sagt er den Therapeuten, und sein starker Wille, sein Einsatz und sein Durchhaltevermögen machen dieses so hochgesteckte Ziel immer realistischer.

„Mein schönstes Erlebnis in der Therapie war, dass ich mir den Schuh wieder selbständig anziehen konnte", erinnert sich Sepp Margreiter, „das kann sich kein gesunder Mensch vorstellen, was das für ein unglaublich großer Gipfelsieg ist."

Erfolge wie dieser stärken Margreiter immer weiter. Längst hat er schon den Entschluss gefasst, im Rollstuhl nicht nur wieder in seiner Skischule zu arbeiten, sondern auch wieder die Posaune zu spielen. Den Ärzten scheint das wegen der schweren Lungenschäden und der jetzt fehlenden Bauchmuskulatur unmöglich, „aber Gott sei dank haben die Ärzte nicht immer recht", lächelt Sepp Margreiter. Oder sie haben einfach nicht mit seinem unbändigen Kampfgeist gerechnet. Er trainiert seine Lungenflügel heimlich mit dem Mundstück der Posaune und seine Musikantenfreunde halten ihm den Platz in der Gruppe frei. „Das Gefühl, dass sie mich nicht vergessen haben, war so wichtig für mich; das Wichtigste ist natürlich die Familie, die Frau, die mich immer besucht hat, die Söhne, aber die Musik, die hält mich tatsächlich auch am Leben", sagt Margreiter.

So schafft er unter größten Anstrengungen das Unglaubliche: Pünktlich am 17. Dezember ist er zur Eröffnung der Skischule in Alpbach wieder im Einsatz, mit vielen Abstrichen zwar, aber er ist zurück im Leben, bei seiner Arbeit, seiner Familie – und bei seiner Posaune.

Wenige Tage später, am 24. Dezember, tritt er mit den Alpbacher Bläsern zum ersten Mal wieder vor einer großen Öffentlichkeit auf – bei der „Liabsten Weis" im Fernsehen. „Als ich damals in den ORF gekommen bin, waren alle Freunde da, und alle hatten feuchte Augen", erinnert sich Sepp Margreiter.

Er spielt wieder, und er spielt wieder mit den Alpbacher Bläsern genauso wie mit der Alpbacher Kirchtagmusig und der Bundesmusikkapelle Alpbach. Dafür trainiert und übt er täglich hart, damit seine Lunge mitspielt und auch sonst alles passt: „Ich könnte es nicht ertragen, dass sie mich nur aus Mitleid mitnehmen, das wäre etwas vom Schlimmsten für mich."

Sepp hat sich seinen Platz in der Musikwelt wieder zurückerobert. Und er spielt sogar am Berg, dort, wo andere nur in kräfteraubenden, stundenlangen Fußmärschen hinkommen: „Zweimal haben mich meine Kollegen auf einen Gipfel zur Bergmesse gebracht, einmal mit dem Hubschrauber, einmal mit einem Spezialgefährt zur Holzbringung." Fast vier Stunden brauchen sie, um den Sepp mit vereinten Kräften auf den Berg zu befördern, und als oben die ersten Töne erklingen, da rinnen dem Sepp die Tränen über die Wangen. Sein großer Traum ist in Erfüllung gegangen, noch einmal hier oben zu musizieren.

„Ich bin weicher geworden durch den Unfall, der hat mich regelrecht aufgeweicht, und das ist gut so, denn wir sind alle so hart aufgewachsen, viel zu hart eigentlich. Heute betrachte ich es als Stärke, solche Gefühle zu zeigen, früher hätte ich es als Schwäche gesehen und oft wird man heute noch als Schwächling gesehen deshalb", sagt Margreiter. „Die Gefühle rauszulassen ist heilend, das könnte ich durchaus auch empfehlen. Ich würde sagen, dass es manchen Menschen psychisch besser gehen würde, wenn sie ihre Gefühle mehr zeigen würden, das ist meine Erfahrung durch den Unfall."

Körperliche Fitness ist für Rollstuhlfahrer mindestens ebenso wichtig wie für Menschen, die auf zwei Beinen durchs Leben gehen. Sepp Margreiter bleibt deshalb nicht nur im Skischulbüro, sondern lernt im zweiten Jahr schon Monoskifahren. Er unterrichtet dann selbst behinderte Menschen – und wird auch darin schnell über die Grenzen hinaus bekannt. Zwei, drei Stunden trainiert Margreiter täglich im eigenen Fitnessraum. Und sobald es das Wetter zulässt, schwingt er sich in sein Handbike und ist auf und davon. Für seinen Ehrgeiz und seine Zähigkeit ist Sepp Margreiter seit jeher bekannt – und der Unfall hat diese Eigenschaften eher noch verstärkt. Bis heute ist er mehr als 80.000 Kilometer mit seinen Händen geradelt und hat dabei über 600.000 Höhenmeter bewältigt. Sein größter Erfolg: Er befuhr mit 61 Jahren mit dem Handbike und ohne Motor die Großglockner-Hochalpenstraße – beobachtet von staunenden Radfahrern, die wesentlich jünger sind als der Sepp, die mit zwei gesunden Beinen radeln und oftmals trotzdem scheitern. „Ja, zumindest in meinem Alter wird es eher keinen geben, der das geschafft hat", sagt Sepp Margreiter ganz bescheiden zu der Leistung, die andere als wahre Sensation werten.

Sepp Margreiter war schon vor seinem Unfall mit vollem Einsatz bei der Sache. Als staatlich geprüfter Skilehrer trainierte er damals sogar den englischen Skinachwuchs und das britische Armeeteam. Freundschaften aus dieser Zeit führten ihn nach seinem Unfall sogar zum Tee mit Prinz Charles auf dessen Landsitz in Highgrove. „Meine Frau und ich sind behandelt worden wie die Könige, das war ein wirklich unvergessliches Erlebnis", schmunzelt Sepp Margreiter, der als einer von ganz wenigen Österreichern persönliche Beziehungen zum Prinzen haben dürfte. „Ich habe ihm dann auch zur Hochzeit mit Camilla gratuliert, und er hat mir persönlich geantwortet."

Das Leben von Sepp Margreiter ist voller schöner Erinnerungen – und es ist ein lebenswertes Leben geblieben. Das erzählt er auch immer wieder Schulklassen und auch frisch verunfallten Menschen an der Innsbrucker Klinik. „Wenn ich denen sage, es gibt ein Leben danach, es ist noch so viel möglich, ich bin heute selber mit dem Auto hier, ich fahre Rad, ich fahre Ski, dann beginnen die ausdruckslosen Augen plötzlich zu leuchten", erzählt Sepp Margreiter. Er schaut selbst auf ein Leben in Bewegung, das nur kurz einmal stillgestanden ist: „Ich kann heute alles wieder machen, außer gehen."

Sepp Margreiter bewältigte als Querschnittgelähmter mit dem Handbike die Groß-glockner-Hochalpenstraße (**1**) und sattelte als Skilehrer auf den Monoski um (**2**). Freunde bringen ihn noch einmal auf einen Berggipfel (**3**) und auch die Musikerkollegen nahmen ihren Sepp im Rollstuhl wieder mit offenen Armen auf (**4**).

Fotocredit: 1 und 3 Toni Silberberger

„Es tut mir gut, dort zu sein, wo er den letzten Atemzug getan hat"

ADI SPANNINGER

Wie viele Schicksalsschläge kann ein Mensch ertragen, ohne daran zu zerbrechen? Diese Frage hat sich Adi Spanninger nicht nur einmal im Leben gestellt. Als Vierjähriger verlor er seinen Vater, später starb ein Bruder bei einem Unfall und wenige Wochen später eine Schwester durch einen Blitzschlag. Und Adi Spanninger wurde viele Jahre später noch einmal vom Schicksal schwerst getroffen. Der Blitztod schlug in der Familie ein zweites Mal zu, und das auf grausamste Weise: Adi Spanninger verlor dabei seinen eigenen Sohn. Dass ihn trotzdem der Lebensmut nie verlassen hat, schreibt Spanninger seinem unerschütterlichen Glauben zu.

Schon als Kind muss Adi Spanninger tapfer sein. Er wächst während des Zweiten Weltkrieges in der Oststeiermark auf und erlebt zahlreiche Bombenalarme. „Ich bin mit meinen jüngsten Geschwistern unter dem Kittel der Mutter im Keller gekauert. Aber gezittert haben wir trotzdem, vor Kälte und vor Angst." Die Kinder hören in ihrer Höhle aus Stoff die Bomben fallen und getrauen sich kaum zu atmen, bis das Gedonner der U-52 wieder abgezogen ist.

Doch die klarste Erinnerung hat Adi an den Tag, als die Mutter ihre große Kinderschar anheißt, sich vom Vater zu verabschieden. „Der Vater verlässt uns für immer", sagt sie, er hat eine so schwere Lungenentzündung, dass es zur damaligen Zeit keine Heilung gibt und er stirbt. Die Kinder beten auf dem Friedhof für den Vater, große Trauer liegt dann auf dem kleinen Bauernhof, der gerade genug abwirft, um die 14 Kinder zu ernähren, die in den letzten 20 Jahren geboren worden sind, alle 18 Monate eines.

„Wie das die Mutter dann gemacht hat, weiß ich nicht, aber wir hatten immer zu essen", erinnert sich Adi. Die Mutter ist eine sehr starke, gottesfürchtige Frau, die es dauerhaft schafft, ihre Kinder alleine durchzubringen. Und nicht nur ihre eigenen. Eines Tages findet sie in der Nähe des Bauernhauses ein weggelegtes Neugeborenes, das sie zu sich nimmt und wie ihr eigenes Kind aufzieht. Und es werden noch zwei weitere Pflegekinder dazukommen, Kinder, die kein Zuhause haben und die keiner haben will. „Hedwig, nimm du sie, du kannst das", sagt der Pfarrer, und die Hedwig nimmt auch sie auf und hat dann für nicht weniger als 17 Kinder alleine zu sorgen.

Die starke Mutterfigur ist prägend, für Adi genauso wie für die anderen Geschwister. „Sie hat nie gejammert und nie einen Unterschied zwischen uns Kindern gemacht, alle waren wie ihre eigenen, ganz genau gleich. Wir empfinden das bis heute alle als großes Geschenk und sind auch immer noch in Kontakt", sagt Adi Spanninger. Auch wenn nicht mehr viele der Geschwister am Leben sind. „Meine Mutter musste bis zu ihrem eigenen Tod insgesamt sieben ihrer Kinder selbst auf den Friedhof begleiten, hinter ihren Särgen hergehen, das war schon sehr hart für uns alle, aber besonders für sie", erinnert sich Adi.

„Die Mama hat immer verlangt, dass wir alles gemeinsam machen, dass wir zusammenhelfen, dass wir uns mögen und verstehen, anders wäre es auch gar nicht machbar gewesen", erinnert sich Adi, „der Vater hat ja an allen Ecken und Enden gefehlt." Die Kinder müssen schon früh am Hof mithelfen, am Feld das Heu einbringen, beim Dachdecken Handlanger sein, kleine Reparaturen bewerkstelligen. Jeder hat seine Aufgabe.

Diese Ordnung wird zum ersten Mal jäh durchbrochen, als ein Bruder von Adi tödlich verunglückt, von einem Moment auf den anderen ist er nicht mehr da. Die Erinnerung an den Tod des Vaters kommt bei allen wieder hoch, die ganze Schar steht fassungslos am offenen Grab. Und eine Schwester, Maria, sagt: „Hermann, ich komm auch nach." Adi kann nicht glauben, was er hört, auch wenn ihm klar ist, dass irgendwann jeder da unten liegen wird. Nur Wochen später wird er diesen Satz von Maria als Vorahnung werten. Denn die Schwester wird von der Feldarbeit nicht mehr lebend zurückkommen – sie wird von einem Blitz getroffen und ist auf der Stelle tot.

„Meine Mutter hat immer gesagt, man muss nicht verzweifeln, es kommt eine Hilfe von oben, es gibt eine höhere Gewalt, tuts nie aufgeben und glaubts daran, das Leben muss weitergehen, auch wenn es noch so tragisch ist", erzählt Adi Spanninger. Er hat damals die Elektrikerlehre längst abgeschlossen und ist zum Arbeiten ins Ausland gegangen. „Natürlich hatten wir damals auch Träume. Und die Schweiz war gerade in der Nachkriegszeit ein Paradies, da gab es gut bezahlte Arbeit für alle, die etwas leisten wollten."

Viele sind nach ein paar Jahren mit einer schönen Summe ersparten Geldes aus der Schweiz in die Heimat zurückgekommen. Doch Adi verschlägt es woanders hin. Als der Zug einmal beim Heimfahren mit einem Defekt in Tirol hängenbleibt, bleibt auch Adi hängen – für immer. Er sieht, dass für ein riesiges Kraftwerksprojekt Mitarbeiter gesucht werden, und so arbeitet er künftig im Kaunertal und lernt hier auch seine spätere Frau kennen.

„Ich bin ins Gasthaus ihrer Eltern gekommen, wo sie gearbeitet hat, und es war wirklich Liebe auf den ersten Blick", erzählt Adi Spanninger mit einem Lächeln. „Meine Mutter war zwar traurig, dass ich nicht mehr in die alte Heimat zurückkehre, aber meinem Glück wollte sie auch nicht im Wege stehen." Adi und seine Lydia heiraten und gründen eine Familie, Sohn Günther und Tochter Manuela kommen zur Welt.

„Wir hatten ein anstrengendes Leben. Der Hausbau, meine Arbeit als Werkmeister auf Großbaustellen in ganz Österreich, meine Frau hat inzwischen zu Hause die ganze Familie und die Zimmervermietung geschupft", erzählt Adi Spanninger, „aber wir waren immer sehr glücklich und auch stolz darauf, was wir geschaffen hatten und wie gut sich die beiden Kinder entwickelten. Beide hatten dann gute Berufe, Günther hat sogar in einem internationalen Konzern Karriere gemacht und uns drei Enkel geschenkt."

Gleich zu Beginn seiner Pension renoviert Adi Spanninger eine alte, baufällige Kapelle nahe seines Wohnhauses. Es ist eine Dankbarkeitskapelle, in der man zum heiligen Martin betet, ihm dankt für alles, was gut gelaufen ist im Leben. Unzählige Arbeitsstunden hat Adi investiert und das Kleinod aus dem 17. Jahrhundert von Grund auf saniert. „Der heilige Martin ist mir wichtig, hier bin ich oft gesessen und hab danke gesagt, wenn ich wieder gesund heimgekommen bin oder wenn in der Familie alles gut war, ich weiß ja von früher, dass das alles nicht selbstverständlich ist."

Dann kommt der Tag, der Adi Spanninger vor die härteste Prüfung seines Lebens stellen sollte.

Sohn Günther, mittlerweile 46 Jahre alt und wie er selbst ein begeisterter Wanderer, ist am Berg unterwegs, um für ein kirchliches Jubiläum ein Bergfeuer zu entzünden. Es zieht ein Gewitter auf und ist fast schon wieder weitergezogen, da geschieht das Unfassbare: Günther wird – wie einst Adis Schwester – von einem Blitz getroffen.

Seine Stimme wird fast tonlos, wenn Adi davon erzählt, wie er den Hubschrauber kreisen sah da oben, wie die Schwiegertochter angerufen und gesagt hat, der Günther sei am Berg und sie könne ihn nicht erreichen, und wie schließlich die Notärztin zu Adi gesagt hat, der Blitz sei vom Nacken durch den ganzen Körper gefahren. Sein Günther war auf der Stelle tot, er hat nichts mehr gespürt. „Und ich musste dann nach Hause gehen und meiner Frau klarmachen, was mit unserem Sohn passiert ist, es war einfach schrecklich."

Acht Jahre ist das Unglück jetzt her, welches das ganze Tal erschüttert hat. Doch Adi und Lydia sind ihrem Sohn immer noch so nahe, als wäre er noch unter ihnen: „Wenn ich irgendetwas Elektrisches arbeite und nicht mehr weiterkomme, dann frag ich ihn, und der Günther hilft immer."

Fast erinnert es ein wenig daran, wie Adi sonst die Heiligen anruft, die er alle sehr verehrt, die heilige Barbara, den heiligen Martin, den heiligen Antonius, die Muttergottes von Kaltenbrunn.

„Da oben ist es passiert, da auf diesem Bergrücken", sagt Adi und zeigt hinauf. „Ein Blitz, fast wie aus heiterem Himmel." Von ihrer Küche aus sehen Adi und Lydia hinauf zu der Stelle, an der ihr Sohn sein Leben lassen musste – und sie schauen oft hinauf, jeden Tag, wenn der Schnee fällt, wenn die Sonne scheint und wenn es im Frühling wieder grün wird. „Ich war sicher schon hundert Mal oben und hab bei seinem Marterl eine Kerze angezündet. Solange ich gehen kann, werde ich das tun. Es tut mir gut, dort zu sein, wo er den letzten Atemzug getan hat", sagt Adi Spanninger, der von vielen Menschen immer wieder dieselbe Frage gestellt bekommt: Wie es das gibt, dass er immer noch an den lieben, guten Gott glauben kann, bei all dem Leid, das über seine Familie gekommen ist. „Man fragt sich schon, ja hilft uns der Herrgott denn überhaupt nicht mehr, aber wenn ich denke, was ich selbst in meinem Leben für Glück gehabt habe im Untertagebau, da hätte jeden Tag etwas sein können. Oder wenn ich denke, was der Günther davor schon Glück gehabt hat, dass er nicht schon lange davor gestorben ist, das darf man alles nicht vergessen."

Auch wenn Günther schon Jahre tot ist – vergessen wird er nie sein. Gerade wurde sein Enkelkind geboren, der Urenkel von Lydia und Adi – und die beiden sind sich sicher: Auch da hat der Herrgott tatkräftig mitgewirkt.

Von seinem Vater Adi hat Günther Spanninger (**1/2**) die Liebe zu den Bergen übernommen, und in den Bergen wurde er durch einen Blitzschlag getötet. In der Pension hat Adi Spanninger eine Kapelle aus dem 17. Jahrhundert renoviert (**3**). Kraft geben ihm Spaziergänge mit seiner Frau Lydia (**4**).

Fotocredit: 4 TVB Tiroler Oberland-Kaunertal, Foto Martin Lugger

3

4

„Die Größte bist du ja nicht gerade, aber du bist ein Gesamtkunstwerk"

ZUHAL SOYHAN

JAHRGANG 1965

Wenn man Zuhal Soyhan als Moderatorin im Fernsehen
oder auf der Bühne sieht, ist das für viele außergewöhnlich, für manche vielleicht sogar gewöhnungsbedürftig.
Die Journalistin sitzt wegen ihrer Glasknochenkrankheit
im Rollstuhl. Mit drei Jahren wird Zuhal in der Türkei von
einem Erdbeben verschüttet und mit rätselhaften Kno-
chenbrüchen nach Deutschland gebracht. Ohne ein Wort
Deutsch zu verstehen muss sie unter Fremden leben und
wird schließlich in die „Landesanstalt für krüppelhafte
Kinder" eingeschult. Heute sagt sie: „Dieses Erdbeben war
für mich trotz allem ein Riesenglück, denn heute führe ich
genau das Leben, das ich mir erträumt habe."

Zuhal Soyhan ist eine überaus fröhliche Person. Sie ist schlag-
fertig, witzig und geistreich. „Ich bin jetzt auch schon ein paar
Tage auf der Welt und ich habe mich mit meiner Behinderung
ganz klar arrangiert, aber es ist bestimmt ein großes Paket",
sagt sie über ihr bisheriges Leben, das ihr mehr als nur ein paar Stol-
persteine in den Weg gelegt hat.

Bis zum Alter von drei Jahren gilt Zuhal als vollkommen gesund. Sie lebt mit ihrer Familie in einem kleinen Dorf an der türkischen Schwarzmeerküste. Bei einem Erdbeben im Jahr 1969 stürzt das Haus der Familie ein und das kleine Mädchen wird unter den Trümmern begraben. Erst sieben Stunden später kann Zuhal geborgen werden, und alle halten die Dreijährige für tot. Sie wird aufgebahrt und nach muslimischem Ritus gewaschen – da schlägt Zuhal plötzlich die Augen wieder auf und beginnt zu brüllen.

Dass die Dreijährige das schwere Erdbeben überlebt hat, zeigt schon früh ihre zähe Natur. Zuhal erleidet durch die herabstürzenden Trümmer zahlreiche Knochenbrüche. Als diese nicht normal heilen wollen und sich die Knochen stattdessen wie Wachs verformen, stehen die Ärzte vor einem Rätsel.

In ihrer Verzweiflung lässt die Familie die kleine Zuhal nach Deutschland bringen, wo ein Onkel als Gastarbeiter lebt. Aber auch dort ist die sehr seltene Glasknochenkrankheit noch relativ unbekannt. Sie gilt als eine erst spät erforschte Krankheit, die Betroffene heute lieber als „Behinderung" definiert sehen, da sie durch eine Genmutation entsteht. Hauptmerkmal ist das Fehlen eines bestimmten Kollagens, das zu einer abnorm hohen Knochenbrüchigkeit führt. Oft bleibt es in den ersten Jahren unerkannt, dass Kinder sogenannte Glasknochen haben.

Für Zuhal ist es also ein riesiges Glück, dass sie nach dem Erdbeben nach München kommt. Sie wird in ein Krankenhaus gebracht – drei Jahre alt, mutterseelenallein: „Meine Eltern haben mich dort abgeliefert und sind gegangen. Und dann lag ich mit 15 Kindern in einem riesigen Schlafsaal. Ich konnte die Sprache nicht, also habe ich auch nicht gewusst, was da um mich herum passiert. Aber ich war offensichtlich immer schon ein vernünftiges Kind, und meine Eltern haben gesagt, das muss jetzt so sein, die machen dich wieder gesund, das musst du jetzt aushalten." Zuhal ist folgsam, aufmerksam und klug, und so dauert es nicht lange, bis sich bei der kleinen Patientin der Schalter umlegt und sie Deutsch anstatt Türkisch spricht: Ich bin eines Tages aufgewacht und hab gesagt: „Ich hätte bitte gerne Tee."

Aber wie ist das für ein kleines Kind auszuhalten, ohne Eltern, ohne Geschwister, in einem Land fern von daheim? Statt daheim bei Mama sogar in einem riesigen Schlafsaal und jahrelang durchgehend im Krankenhaus? Und kein Trost von den Eltern bei so vielen Operationen und Schmerzen?

„So schlimm war das rückblickend gar nicht", sagt Zuhal. Es seien alle so lieb mit ihr gewesen – und die Geschichten dieser Zeit sind von viel Einfühlsamkeit und Mitgefühl getragen, vielleicht sogar von Mitleid. Zuhal ist jedenfalls schnell der Liebling aller Schwestern.

Auch die gefürchtete Schwester Euphrosyne mit den Bartstoppeln hat ein Herz für die Kleine aus der Türkei: „Die war ganz korpulent und hat mich immer so an ihren dicken Busen gedrückt, dass ich mir gedacht habe, jetzt stirbst du, ich hab zwar ein Erdbeben überlebt, aber das ist jetzt zu viel für mich", erinnert sich Zuhal lachend. Dass ihr die Schwester nach den Operationen Bier einflößt, offenbar ein geheimes bayerisches Hausmittel gegen die Übelkeit, zählt für Zuhal zu den liebenswerten Erinnerungen aus dieser Zeit.

Wie auch jene Weihnachten, die sie ganz allein ohne andere Kinder in dem großen Krankenhaus verbringen musste. Da kam eine Schwester und schob ihr ein riesengroßes Puppenhaus in den Schlafsaal. Es hatte Licht und eine Badewanne, in die man sogar Wasser einlassen konnte. Und Zuhal durfte tagelang allein damit spielen. „Das Krankenhaus war wirklich mein Zuhause geworden", sagt sie, „und ich war das Maskottchen der Station."

Bis zum neunten Lebensjahr kann Zuhal Soyhan noch gehen, zumindest mit einem Gehwagen, dann sind ihre Beine aufgrund der Glasknochenkrankheit so verformt, dass auch die Ärzte in München nichts mehr machen können. Zuhal bewegt sich von nun an im Rollstuhl fort. Auch im Rückblick auf diesen Moment kommt bei ihr keine Bitterkeit auf: „Ich habe mir gesagt, o. k., laufen ist nicht mehr, dann rollen wir halt. Das ist wahrscheinlich auch so meine Haltung: Die Dinge annehmen, wie sie halt kommen, und wenn ich sie nicht ändern kann, dann ändere ich meine Haltung zu diesen Dingen. Das ist aber etwas, das ich mein ganzes Leben lang immer schon gemacht habe, wenn etwas für mich wichtig gewesen ist. In diesem

Fall: Gehen wird total überbewertet. Gemütlich sitzen und dahinrollen ist auch schön", erklärt Zuhal, wie sie mit den dunklen Momenten immer wieder zurechtgekommen ist.

Besuch von den Eltern aus der Türkei bekommt Zuhal nur selten, mehr hätten sie sich gar nicht leisten können. Weil Zuhal noch viele Knochenbrüche erleiden wird und viele Operationen anstehen, ist ihr Lebensweg klar vorgezeichnet: Sie soll und darf in Bayern bleiben.

Allerdings muss sie hier die einzige Schule besuchen, die jungen Menschen wie ihr damals offensteht, die „Landesanstalt für krüppelhafte Kinder". Das ist für das Mädchen dann doch ein Schock: In all den Jahren im Krankenhaus sieht sie, wie die Kinder um sie herum wieder gesund werden, doch hier ist alles anders. Alle sind mehrfach schwerstbehindert, können nicht sprechen, nichts eigenständig tun – und mittendrin sitzt die aufgeweckte Zuhal in ihrem Rollstuhl. Dieses Erlebnis hat Zuhal zwar kein Trauma versetzt, aber ihr zum ersten Mal im Leben die Grenzen und Möglichkeiten verschiedener Leben vor Augen geführt: „Ich dachte mir, die sind ja alle viel ärmer dran. Ich war ja immer beweglich, ich konnte überallhin, konnte die Arme heben, konnte selber essen, und dann sehe ich so viele Kinder, die das nicht können."

Zuhal fühlt schon damals große Dankbarkeit, dass sie diese und nicht eine andere Form der Behinderung hat. Auch wenn ihr bis zur Pubertät rund hundert Mal Knochen brechen werden. Sie halten einfach nicht viel aus, bei Zuhal hat schon die Anspannung durch einen schlechten Traum für einen Bruch des Oberschenkelknochens ausgereicht. Die Schmerzen sind jedes Mal so heftig wie bei einem gesunden Menschen mit starken Knochen, da gibt es keinen Unterschied.

Die Schuljahre in der „Krüppelschule" lässt Zuhal über sich ergehen, geduldig, aber faul. Heute würden Pädagogen sagen, das Mädchen ist eindeutig unterfordert mit dem Lehrstoff, der dem der damaligen österreichischen Sonderschule ähnelt. Aber in den 1970er-Jahren, Lichtjahre von Inklusion entfernt, wird der jungen Frau mit den Glasknochen nicht viel zugetraut: Telefonistin vielleicht oder Hinterglasmalerin, das kann man beides im Rollstuhl ausführen.

„Ich will diese Berufe keinesfalls abwerten, aber irgendwie hat es da bei mir Klick gemacht", erinnert sich Zuhal. Sie beschließt, sich nicht mehr von ihrer Behinderung ausbremsen zu lassen. Und sie will sich nicht einmal mehr die Zeit geben, darüber nachzudenken: „Jetzt bist du halt da, du Behinderung, wir versuchen, uns zu arrangieren, aber mein Fokus liegt darauf, das Leben einer normalen jungen Frau zu führen." Zuhal formuliert damals einen kühnen Wunsch: „Ich will das Abitur nachmachen, studieren und Journalistin werden." Das entlockt dem Herrn vom Arbeitsamt zwar nur ein müdes Lächeln, aber die staatliche finanzielle Unterstützung erhält Zuhal Soyhan dennoch – die ehrgeizige junge Frau mit der Glasknochenkrankheit, die nur 1,30 Meter groß ist, dafür aber ausgestattet mit einem riesenhaften Selbstbewusstsein.

Und Zuhal geht ihren Weg. Sie macht das Abitur, den Führerschein („Man stelle sich vor, damals musste ein körperbehinderter Mensch noch zum Psychologen, der meinte zuerst, ich sei psychisch zu instabil!") und ein Studium der Politikwissenschaft. Auch die Deutsche Journalistenschule München absolviert sie ohne Probleme und kommt über ein Ferialpraktikum zum Fernsehen, wo sie bis heute erfolgreich als Redakteurin tätig ist und bei der ARD auch immer wieder eigene Fernsehsendungen moderiert. Damit wird Zuhal Soyhan zu einer Vorkämpferin für die Inklusion behinderter Menschen – ganz selbstverständlich, indem sie immer wieder darauf besteht, nicht an ihrer Behinderung gemessen zu werden.

„Ich muss schon zugeben, dass ich auch sehr angestachelt war, das zu machen, weil mein damaliger Märchenprinz mich nicht wollte", lacht Zuhal Soyhan rückblickend. „Ich habe fünf Jahre gelitten wie ein Hund. Ich bin über den Status der guten Freundin nie hinausgekommen, weil ich dem Beuteschema der Kerle nicht entsprochen habe. Da hatte ich schon Tiefpunkte in meinem Leben."

Im Rückblick aber relativiert sich für die meisten Menschen vieles, so auch für Zuhal. Die alten Lieben sind vergessen, die frühen Wunden geheilt und die eigene Biografie hat sie stark gemacht. Nur einmal noch hat die türkischstämmige Frau das Gefühl, jetzt bricht alles über ihr zusammen, und das durchaus im Wortsinn. Genau 30 Jahre nach dem folgenschweren Erdbeben, bei dem sie als Kleinkind verschüttet wurde, ist sie zufällig auf Besuch bei ihrer Familie in der Türkei. Und mitten in der Nacht, nach einer ausgiebigen Feier, bebt erneut die Erde, die Möbel fliegen durchs Zimmer, das ganze Haus wackelt und neigt sich Richtung Erdboden. „So hat dein Leben angefangen, und so endet es jetzt wohl hier", denkt Zuhal damals, „so schließt sich der Kreis." Dann packt sie jemand am Arm und trägt sie aus dem Haus.

Bei diesem Erdbeben im Jahr 1999 zählt die Türkei über 20.000 Tote.

„Ich habe sechs Wochen lang nichts mehr geredet: Ob ich nicht wollte oder nicht konnte, kann ich heute nicht mehr sagen. Aber es war wohl eine Verarbeitung des Ganzen. Es gab auch in unserer Familie Tote, darunter zwei Kinder. Das ist alles etwas, das man besser nicht erlebt, das muss man nicht erleben."

Ihren wahren Seelenmenschen hat Zuhal damals noch nicht getroffen und sie rechnet auch nicht mehr damit, einen Partner zu finden. Doch eines Tages erzählt ihr eine Freundin von der magischen Kraft der Wünsche und rät ihr zu einem „Wunsch ans Universum". Zuhal zimmert sich nach einigem Zögern ihren Traummann und bestellt ihn beim Universum: einen intelligenten Menschen, der auf eigenen Beinen steht, der Zuhal so schätzen kann, wie sie ist, und der ihr Wesen erkennt.

„Der ist dann tatsächlich gekommen", lacht Zuhal, „allerdings habe ich bei meinem Wunsch die örtliche Eingrenzung vergessen, so sind wir vierzehn Jahre jedes Wochenende die 200 Kilometer zwischen Stuttgart und München gependelt, auch noch, als wir schon verheiratet waren. Mittlerweile leben wir aber gemeinsam in München."

Warum ihr Mann sich nicht hat abschrecken lassen von ihrer Behinderung? „Kennengelernt haben wir uns im Internet, da hat man gewisse Vorteile, weil man zuerst auf einer ganz anderen Ebene kommuniziert. Zuerst die Sprache, dann das Optische, bis dahin hat man hoffentlich schon einige Meter gutgemacht. Als ich ihm meine Behinderung geoffenbart habe, meinte er nur: Die Größte bist du ja nicht gerade, aber du bist ein Gesamtkunstwerk."

Zuhal Soyhan mit ihrer Mutter in der Türkei, als noch niemand von ihrer Glasknochenkrankheit wusste (**1**). Nachdem sie bei einem Erdbeben verschüttet worden war, wuchs sie mutterseelenallein in München auf (**2**). Ihren Mann hat sich Zuhal beim Universum bestellt – und er wurde prompt „geliefert" (**3**).

Nicht nur gute Gespräche
mit dem lieben Gott

UNIKAT

MARTIN RIEDERER

JAHRGANG 1959

„Das Wunderbare ist die Möglichkeit, aus der Krise heraus Kraft zu schöpfen und das Leben neu zu spüren", sagt Martin Riederer. Er ist Mitglied des Prämonstratenserordens und als Seelsorger den Menschen sehr nahe. Viele hat er in den Jahren seines Wirkens wieder aufgerichtet, wenn Krankheit und Leid sie gebeugt hatte. Mittlerweile muss sich Pfarrer Martin selbst als Stehaufmensch bewähren. Denn auch er kommt langsam in die Jahre, in denen die Gesundheit alles andere als selbstverständlich ist.

Er ist ein ganz besonderer Gottesmann. Einer, den die Menschen lieben und der sich wie einst Don Camillo gerne mit der Obrigkeit anlegt. Sein Herz ist nicht bei den Mächtigen, sondern bei den Kleinen und Schwachen, die er seit jeher unterstützt. „Geteiltes Leid ist halbes Leid, in diesem Spruch steckt ganz viel Lebenserfahrung und Weisheit", ist Pater Martin, wie ihn viele nennen, überzeugt. „Wer jemandem hilft, wer sein Leben teilt, der verliert nichts, sondern gewinnt immer aus den Begegnungen."

Dass Martin Riederer einmal in ein Kloster eintreten würde, hat er sich in jungen Jahren nicht gedacht. Er wächst wohlbehütet mit mehreren Brüdern auf dem Land auf, wo seine Eltern eine Landwirtschaft betreiben. Er liebt Kühe und Schafe, Hühner und Hasen und die Ausflüge mit dem Vater: „Mein Vater war alles andere als ein Intellektueller, aber er konnte uns die Natur nahebringen wie kein Zweiter", erinnert sich Martin Riederer an eine glückliche und sorgenfreie Kindheit.

Getrübt wird sie nur von immer wiederkehrenden Krankheiten. Schon als Baby muss der kleine Martin eine Lungenentzündung überstehen, und seine Mutter erzählt noch heute, wie oft der Bub damals 40 Grad Fieber hatte, wie man um ihn gebangt hat und wie oft er wochenlang das Bett hüten musste.

Da hat der Vater wieder einmal eine wertvolle Idee, wie man Martin im Bett halten und beschäftigen könnte: Er schenkt ihm eine Zigarrenkiste mit einem Maikäfer. „Ich habe ihn einen Monat lang gehegt und gepflegt, bis ich endlich wieder ins Freie durfte. Ich war so stolz, dass der Maikäfer bei mir in der Kammer überlebt hat", erzählt Martin Riederer noch heute bewegt. Dann öffnet er vor dem Haus seine Kiste, um den Maikäfer fliegen zu lassen. Der Käfer öffnet die Flügel und hebt ab. „Nach zwei Metern kam eine Amsel, riss den Schnabel auf und fraß meinen armen Maikäfer", erinnert sich Martin. So schnell kann alles anders sein, von einem Moment auf den anderen, und das Leben muss doch weitergehen, das erkennt Martin schon damals und stürzt sich in neue Abenteuer, die das Landleben so hergeben.

Als die Familie dann in die Stadt übersiedelt, damit es die Söhne einmal besser haben sollen, fühlt sich Martin nicht wohl. Das zeigt sich nicht direkt, sondern über seinen Teddy, dem der Bub jeden Abend nach dem Abendgebet seine Sorgen und Nöte anvertraut. Jetzt in der Stadt entwickelt sich Teddy zum echten Problembären. „Mein Teddy hatte immer kalt, er fror Tag und Nacht, er zitterte richtig, aber niemand erkannte, was es damit auf sich hatte." Erst die Tante, die in der Familie nicht sehr geschätzt ist, weil sie drei Kinder von drei verschiedenen Männern hat, beweist Gespür für die Nöte des kleinen Martin. Und sie antwortet genauso indirekt wie Martin: Sie häkelt dem kleinen Teddy einen wärmenden Mantel und eine dicke Mütze. „Es kann sich keiner vorstellen, wie groß meine Freude war, als ich meinen Teddy so unter dem Weihnachtsbaum gesehen habe. Der Teddy, der sich jetzt endlich wohlfühlen konnte, war das schönste Geschenk." Und es ist nicht schwer zu erraten, dass es dem Buben bei diesem Anblick warm ums Herz wurde und es ihm ab diesem Zeitpunkt wieder besser ging.

In der Stadt erkennt Martin seinen Sinn für Spiritualität. Die Erstkommunion beeindruckt ihn genauso wie später das Ministrieren und der Herrgott, der in seiner Pfarrkirche auf dem Kreuz steht und nicht hängt. „Er hat mich angeschaut, ganz egal, wohin ich mich bewegt habe, andere hätten da vielleicht Angst, aber ich habe mich dabei immer sehr beschützt und wahrgenommen gefühlt."

Trotzdem sagt Martin Riederer lange, er möchte alles werden, nur kein Priester. Nach einem Gespräch mit seiner Taufpatin ändert er aber seine Meinung und entscheidet sich dazu, ein Jahr Theologie zu studieren, auf Probe – nicht ahnend, dass daraus tatsächlich ein Leben für Gott im Dienst des Nächsten werden sollte. Als Pfarrer mehrerer Gemeinden wirkt Martin später stark in der Integration, in der Flüchtlingsarbeit, in der Inklusion behinderter Menschen.

Die Seelsorge liegt Martin Riederer. Das spürt er deutlich, als er von seiner Pfarre aus gesundheitlichen Gründen Abschied nehmen muss. Gerade hat er noch mit der ganzen Gemeinde das Gotteshaus von Grund auf saniert, als ihn diese jahrelange Überbelastung in die Knie zwingt. Dass er schon jahrelang an Borreliose leidet, weiß der Pfarrer damals noch nicht. Die immer wiederkehrenden Fieberschübe, die unerträglichen Gelenksschmerzen, die unerklärliche Abgeschlagenheit – das alles war so belastend, dass Martin darum bat, als Pfarrer abgelöst zu werden. „Dieser Abschied hat mich schon sehr geschmerzt. Wir sind in dieser Zeit so stark zusammengewachsen, und dass die Menschen in Schlangen angestanden sind, um mir Lebewohl zu sagen, das hat mir das Fortgehen nicht leichter gemacht", erinnert sich der leidenschaftliche Pfarrer.

Doch dass es im Leben immer weitergehen muss, hat er längst gelernt – seien die Probleme und die Prüfungen auch noch so groß. Über mehrere Jahre ist Martin Riederer davor auch als Seelsorger in einem Krankenhaus tätig. Genau in diese Zeit fällt ein Unglück, das vor mehr als zwanzig Jahren für große Erschütterung gesorgt hat: die Lawinenkatastrophe von Galtür. Martin Riederer ist damals Krankenhausseelsorger in der betroffenen Region, die insgesamt 38 Tote und 48 zum Teil schwer Verletzte zählte.

Besonders intensiv begleitet der Priester in jener Zeit ein deutsches Ehepaar, das beide Kinder in der Lawine verloren hat. Die Eltern haben ihre Kinder gerade noch an der Hand geführt – und im nächsten Moment sind beide verschüttet und tot. „Es war auch für mich niederschmetternd. Da steht man selbst erst einmal völlig an, da ist nur wichtig zuzuhören und dazusein. Oft ist es dann auch besser, mit den Betroffenen zu weinen. Und erst dann miteinander einen Weg zu suchen."

Kaplan Martin begleitet die Familie bis in ihre Heimat und zur Beerdigung der Kinder. Und viele Jahre darüber hinaus unterstützt er sie immer wieder in langen Gesprächen: „Eine solche Last mittragen zu dürfen, alleine das ist schon ermutigend", sagt Martin Riederer, „auch wenn der Tod ihrer Kinder für die Eltern mit Sicherheit nie zu überwinden sein wird."

Warum ich? Diese Frage hört der Ordensmann regelmäßig, wenn Menschen einen großen Verlust erleiden oder wenn sie schwer erkranken. „Ich antworte dann immer: Ja, warum ich nicht?" Viele Menschen verbinden solche Krisen mit der Frage: Was habe ich mir zuschulden kommen lassen? Da gibt's doch andere, die sind viel schlechtere Menschen als ich und denen geht es viel besser. „Das ist ganz eigenartig, denn diese Denke hat im Christentum nie Platz gehabt. Jesus hat immer gesagt, dass es nicht möglich ist, dass Schuld durch Krankheit oder Leid ausgeglichen wird, und trotzdem ist das in unserem Denken nach wie vor sehr stark vorhanden. Ich bin mir sicher, manche würden sich leichter tun, wenn sie das nicht so sehen müssten."

Bestrafung durch Krankheit – dieser Gedanke ist dem Prämonstratenser gänzlich fremd. So sieht er auch die eigenen Erkrankungen wertfrei als Bürde, die ihm auferlegt wird. „Der liebe Gott hat mir gleich mehrere Krankheiten geschickt, die ich am wenigsten wollte. So wie es kommt, nehme ich es halt", lächelt er.

Martin Riederer leidet nicht nur an der jahrelang unerkannt geblieben Borreliose, die ihm das Leben schwer macht. Als ob das nicht schon genug wäre, erkrankt er zuletzt auch noch am Corona-Virus. Zwei Tage Halsschmerzen, danach fast 40 Grad Fieber, schwere Atemnot, viele Tage und Nächte zwischen Leben und Tod. „Da hatte ich interessante Gespräche mit dem lieben Gott, in den Nächten mit Fieber und Schnappatmung, da haben wir miteinander verhandelt, ob ich marschiere oder nicht marschiere", erinnert er sich.

Kaplan Martin verweigert das Krankenhaus und bleibt in seinem Zimmer, das er bei den Barmherzigen Schwestern bewohnt. Das Essen und die nötigen Medikamente werden ihm vor die Tür gestellt. Die vier Wochen in Quarantäne übersteht er irgendwie, oft zu schwach, um überhaupt die paar Meter bis zur Tür zu bewältigen. „Ich wollte einfach nicht einem jüngeren Menschen oder einem, der gesünder ist als ich, die Beatmungsmaschine wegnehmen. Wenn der liebe Gott meint, dass er mich hier noch brauchen kann, dann wird er mich schon durchkommen lassen", erklärt Martin Riederer seine Entscheidung, „aber das würde ich keinem anderen raten, das habe ich mit mir selber so ausgemacht. Und mit ihm da oben."

Der Seelsorger wird auf Erden wohl noch gebraucht, denn er überlebt die Corona-Erkrankung und behält trotz allem seinen Humor: „Anscheinend hat der liebe Gott die neue Heimat noch nicht fertig, sonst wäre die Schlüsselübergabe vielleicht schon erfolgt."

Und doch stehen für Martin Riederer große Umbrüche an. Durch die beiden schweren Erkrankungen ist er mittlerweile so pflegebedürftig, dass er sich den Barmherzigen Schwestern nicht mehr zumuten kann oder will. So rückt die Übersiedelung in ein Alters- oder Pflegeheim ins Blickfeld. „Von der Theorie zur Praxis", sagt Martin, der viele Jahre Menschen in solchen Situationen begleitet hat und jetzt plötzlich selbst der Betroffene ist.

Wie kann er jetzt selbst damit umgehen, mit diesen Gefühlen von Ohnmacht und Hilflosigkeit? Pater Martin lacht, als hätte er diese Frage erwartet: „Natürlich schimpfe ich auch mit dem lieben Gott, was er mir so alles auferlegt. Da sitz ich dann unter dem Kreuz in meinem Zimmer und bin manchmal schon im Knatsch mit ihm."

Pfarrer Martin Riederer vor der alten Fließer Pfarrkirche (**1**) und bei einer Taufe (**2**). Beim 80. Geburtstag seiner Mutter (sitzend) kommt die ganze Familie zusammen (**3**). Der Teddybär (**4**), dem er als
Kind seine Sorgen und Nöte anvertraut hat, weicht
seither nicht von seiner Seite.

3

4

Momente des Haderns, Momente der Hoffnung. Pater Martin betont, wie wichtig es für ihn immer wieder ist, sich unter das Kreuz zurückzuziehen, wie viel Kraft ihm das Gebet gibt und das Du Gottes. „Wenn ich da nicht daheim wäre, würde mir sehr viel abgehen." So hält er es mit der Aussicht auf eine Zukunft im Altersheim einmal mehr mit Don Camillo: „Das Daheimsein im Altersheim fängt damit an, dass ich das Kreuz an die Wand hänge, und dass der, der mich immer sieht, mit von der Partie ist."

Was Martin momentan aber am meisten Mut macht, ist das starke Vorbild seiner Mutter: Nach dem Tod seines Vaters hat sie im Altersheim begriffen, dass es an ihr liegt, nicht nur dahinzuleben und auf das Ende zu warten, sondern eine neue Lebensphase zu gestalten. Mit ihren 85 Jahren ist die Frau jetzt im Beirat des Altersheimes und Sprecherin der Heiminsassen. „Sie ist das Herz des Ladens und gilt als die Seele des Altersheimes", erzählt Martin Riederer mit Freude und auch mit Stolz. „Für mich ist das ganz faszinierend, weil es zeigt, dass du nie zu alt bist, um für andere wichtig zu sein."

Es sind tröstliche Aussichten für den beliebten Gottesmann. Alleine wird er nie sein, ganz egal, wie die Reise für ihn weitergeht. Denn zum einen hat er Gott, zum anderen seinen Teddy. „Egal, wohin ich gehe, mein Teddy kommt immer mit."

LISI LERCHSTER

JAHRGANG 1963

Das Leben als Prüfstein: Schwere Erkrankungen, Geldsorgen, gescheiterte Beziehungen und ein behindertes Kind. Lisi Lerchster wurde vom Leben immer wieder in die Knie gezwungen. Als die Ehe zerbrach, wurde sie Alleinerzieherin von drei Kindern und gelangte an die Grenzen ihrer Leistungsfähigkeit. Angesichts einer erneuten Krebserkrankung drohte Lisi Lerchster am Leben zu zerbrechen. Doch sie bekam im letzten Moment Hilfe und wurde so zum „Stehaufmenschen". Mit viel Freude und Kraft kann sie sich seither ihrem behinderten Sohn widmen, der heute erwachsen ist.

Es geht uns gut. Wir haben ein schönes Leben, oder Andi, was sagst du?", fragt Lisi Lerchster ihren Sohn. „Ja", antwortet Andreas, ein deutliches, langgezogenes Ja. Auch wenn er jetzt gerade nicht antworten würde, wüsste Lisi trotzdem, wie es ihrem Sohn geht. „Wir sind in diesen vielen Jahren so zusammengewachsen, ich spüre es immer, auch ohne Worte."

Andreas ist jetzt 35 Jahre alt. Dass er so viele Jahre erleben würde, glaubt anfangs niemand. Vielleicht 18 Jahre, mehr haben ihm die

Vom Leben in die Knie gezwungen

Ärzte nicht gegeben. Aber da haben sie nicht mit Andreas gerechnet, und wohl auch nicht mit seiner Mutter, die für ihren Sohn kämpft wie eine Löwin und heute sagt: „Der Andi ist das Beste, was mir im Leben passiert ist."

Andi wird zu früh geboren, gleich 14 Wochen vor dem Geburtstermin. „Er war so klein, das kann man sich nicht vorstellen, er war nur eine Handvoll Mensch. Ich habe ihn gesehen, und ich habe mich sofort so in ihn verliebt, es war ein Wahnsinn", erinnert sich Lisi. Genau 980 Gramm bringt das Baby auf die Waage, das vom ersten Tag an einen Überlebenskampf führen muss. Der kleine Andreas ist offenbar ein ganz großer Kämpfer, und das muss er auch sein. Er überlebt eine Herzoperation und einen Darmverschluss und noch einige andere Komplikationen.

Ein ganzes Jahr lang muss das Frühchen im Krankenhaus bleiben und Lisi wundert sich nicht, dass Andi mit allem später dran ist als andere Kinder. Er hat ja so viel aufzuholen. Erst mit eineinhalb Jahren wird Lisi Lerchster klar, dass ihr Sohn schwer behindert ist. „Ob man das davor verdrängt hat oder ob es einem nie gesagt wurde, heute ist das einerlei", sagt die Frau. Die Diagnose „spastische Detraparese", also spastische Ganzkörperlähmung, ist damals jedenfalls ein Schock für sie. Umso mehr, als sich der Vater des kleinen Andreas schon in der Schwangerschaft verabschiedet hat. Lisi hat ihre Schwangerschaft damals ja selbst kaum glauben können. Denn sie hatte gerade eine sehr schwere Unterleibsoperation hinter sich, die aufgrund einer Tumorerkrankung notwendig war. Dass sie später einmal Kinder haben kann, galt für die Ärzte als unwahrscheinlich. Und dann wird sie so bald völlig überraschend schwanger.

Der Freund ist also fort auf Nimmerwiedersehen und Lisi bleibt mit ihrem behinderten Kind zurück. Es wird jeden Tag deutlicher, dass Andreas immer auf Hilfe angewiesen sein wird, auf sehr viel Hilfe. Wahrscheinlich auf genauso viel, wie er jetzt als Baby braucht. Er wird nicht sitzen, nicht gehen, nicht selbständig essen und trinken können.

Ihre Eltern und ihre Schwestern unterstützen Lisi in ihrer schweren Aufgabe, die sie mit Anfang 20 aufgebürdet bekommt. „Andreas war ja das erste Enkerl. Was die Oma mit ihm Zeit verbracht hat! Sie hat ihn stundenlag liebevoll gefüttert, wie ein Vögelchen, damit er ein bisschen mehr Gewicht kriegt", erinnert sich Lisi an die erste Zeit daheim, die geprägt ist von zahlreichen Infekten und Krankheiten, von Hoffnungen und Enttäuschungen – und von sehr viel Liebe für diesen hübschen, kleinen Buben.

Mit dem nächsten Mann wird alles besser, davon ist Lisi überzeugt, als sie dann ihren späteren Ehemann kennenlernt. Er akzeptiert Andreas nicht nur, er hat gleich einen guten Draht zu ihm, und Lisi ist ein zweites Mal im Leben richtig schwer verliebt.

Das Paar bekommt zwei gesunde Kinder, die gemeinsam mit ihrem großen Bruder Andreas aufwachsen. "Es war schon sehr viel Arbeit. Andreas hat sehr viel Zeit beansprucht, man kann sich das vorstellen, bei jeder Geburt war es so, als hätte ich Zwillinge", erinnert sich die Mutter an diese mühevollen Jahre, in denen sie dann auch noch mithelfen muss, ihre Mutter nach einem Schlaganfall zu versorgen. "Meine Mutter so leiden zu sehen, das war fast nicht auszuhalten. Und mein Mann war nur mehr unterwegs, was ich irgendwie verstanden habe, er war einfach auch noch sehr jung und lebenslustig. Aber dass er mir treu ist, das hätte ich schon trotz allem erwartet", sagt Lisi. Und so reift in ihr der Entschluss, den viele in derselben Situation nicht wagen: "Ich hatte Angst, dass ich mir irgendwann nicht mehr in die Augen schauen kann. Also musste ich einen Schlussstrich ziehen, auch wenn ich gewusst habe, jetzt kommt die schwerste Zeit in meinem Leben."

Dann geht es wirklich Schlag auf Schlag: Die Beziehung zu ihrem Traummann endet, beide Elternteile sterben innerhalb weniger Monate – und Lisi muss zwar nicht finanziell für die Wohnung aufkommen, aber doch den Lebensunterhalt für sich und für die drei Kinder verdienen.

Wild entschlossen und hoch erhobenen Hauptes kämpft sie sich ihre Selbstachtung zurück. Sie arbeitet am Abend und in der Früh, dazwischen sorgt sie für ihre Kinder, Andreas ist tagsüber in einer Betreuungseinrichtung. Eine Zeitlang geht das gut, doch Lisi ist immer öfter richtig erschöpft. Bald stellen sich bei der dreifachen Mutter ausgeprägte Angstzustände ein. Die Eltern, die bislang wie Felsen im familiären Gefüge waren, fehlen Lisi, und sie fehlen den Kindern, die zudem ohne Vater aufwachsen müssen. Alle drei Söhne leiden massiv unter der Situation, der Kleinste verweigert schließlich mit acht Jahren die Nahrungsaufnahme und muss in der Klinik betreut werden. „Sie haben alle drei gemerkt, wie schlecht es mir geht. Ich glaube, für Kinder gibt es nichts Schlimmeres, als keine Sicherheit mehr zu verspüren."

Heute noch bedauert Lisi, dass sie damals mit ihren Söhnen nicht mehr über die Situation gesprochen hat. „Damals dachte ich, sie würden dann noch mehr aufgewühlt", erinnert sie sich. Und die Söhne ihrerseits sagen heute, sie hätten doch gesehen, wie schlecht es der Mama ging. Da wollten sie nicht auch noch eine Last für sie sein. „Das war ein großer Fehler von mir, das ist dann auch in den Therapien klar geworden, und ich habe mich dann wesentlich leichter getan, ihn in seinem Schmerz aufzufangen", sagt die Mutter.

Aber wer selbst keine Kraft mehr hat, der fährt eben auf Sparflamme, das ist Lisi Lerchster auch klar. Für sie selbst sollte es in der Folge noch schlimmer kommen. Sie fühlt sich kraftlos, hat keinen Appetit mehr, verliert immer mehr an Gewicht. Dann entdecken die Ärzte, dass nach vielen Jahren der Krebs wieder zurückgekehrt ist. Lisi Lerchster muss wieder operiert werden, auch die Wirbelsäule ist vom Tragen ihres behinderten Sohnes kaputt und wird an zwei Stellen versteift. Das alles ist zweifellos mehr, als ein Mensch ertragen kann.

„Ich war am Ende", erinnert sich Lisi, „ich stehe auch dazu. Wenn ich umgefallen und tot gewesen wäre, ja", sagt sie und zuckt mit den Achseln, „dann wäre es das halt gewesen, ich hatte einfach überhaupt keine Kraft mehr."

Was dann passiert, gibt es eigentlich nur im Märchen. Eine liebe Bekannte meldet sich, weil sie von der Notlage der dreifachen Mutter erfahren hat. Sie organisiert über einen sozialen Verein, dass die Frau eine höchstnotwendige Kur machen kann und dass die Kinder in der Zwischenzeit versorgt sind. Diese paar Wochen Auszeit, diese Möglichkeit, sich einmal in Ruhe mit sich selbst zu befassen, die heilenden Behandlungen, der Austausch mit Menschen in ähnlichen

Situationen – all das bringt die dreifache Mutter zu ihrer alten Stärke zurück: „Ich habe mich wieder als Mensch wahrnehmen können, das war eine ganz neue Erfahrung für mich. Als es mir so schlecht gegangen ist, habe ich mich überhaupt nicht mehr gespürt."

Ein paar Wochen, die das Leben von Lisi Lerchster wieder voll und anhaltend ins Gleichgewicht bringen – sie ist wieder energiegeladen und fröhlich wie früher. Sie hat eine Stelle als Haushaltshilfe gefunden, wo sie auch einmal zu Hause bleiben kann, wenn es die Situation erfordert. Und die beiden gesunden Söhne sind mittlerweile selbständig und unterstützen sie bei Bedarf in der Betreuung von Andreas.

„Gell, Andi, wir sind ein gutes Team", sagt Lisi zu ihrem behinderten Sohn. „Ja", antwortet Andreas, der neben ihr im Rollstuhl sitzt, während seine Mutter ihre Lebensgeschichte erzählt. Und dann sagt er „Melanie" und lächelt, wie so oft am Tag. Melanie ist eine seiner Betreuerinnen, die mit Andreas am Nachmittag nach seinen Stunden in der Betreuungseinrichtung allerhand unternimmt. Einkaufen, Kaffeetrinken, am Abend auf eine Pizza oder in ein Konzert. Das ist das Leben, das Andreas gefällt, unter jungen Menschen sein, unter Gleichaltrigen.

„Mit 35 immer nur mit der Mama unterwegs zu sein, das ist auch für ihn nicht wirklich lustig", sagt Lisi Lerchster, für unsere Kinder sind wir immer alt, auch wenn wir uns selber nicht so fühlen. Und gleichzeitig bringt sie dieses Thema zu ihrer größten Sorge: „Was ist einmal mit Andreas, wenn ich wirklich alt oder nicht mehr am Leben bin?" Wie viele Eltern in ihrer Situation plagt auch sie dieser Gedanke. Lisi Lerchster ist initiativ geworden und hat mit anderen einen Verein gegründet, der zum Ziel hat, in nächster Umgebung eine Wohngemeinschaft für Menschen mit Behinderung einzurichten.

Bis sie verwirklicht ist, vielleicht aber auch noch länger, wohnt Andreas daheim bei seiner Mama. Sie schläft bei ihm im Zimmer, in einem schmalen Bett an seinem Fußende. Rund zehn Mal muss sie ihn in der Nacht umdrehen und lagern, denn mit seiner versteiften Wirbelsäule ist das Liegen überaus mühsam.

Wenn ihr wieder einmal alles zu viel werden sollte, dann wird sie das früher erkennen, ist sich Lisi Lerchster sicher. „Ich schaue jetzt besser auf mich und höre auf meinen Körper", sagt sie, und nimmt sich auch einmal eine Auszeit, um ein paar Stunden zu wandern. Und noch etwas Wichtiges hat sie gelernt: Man muss nicht immer eine Einzelkämpferin sein, man kann auch Menschen um Rat und Hilfe fragen.

Denn so eine Rettung in letzter Minute, die sie damals durch ihren „Engel" erfahren hat, passiert wohl nur einmal im Leben.

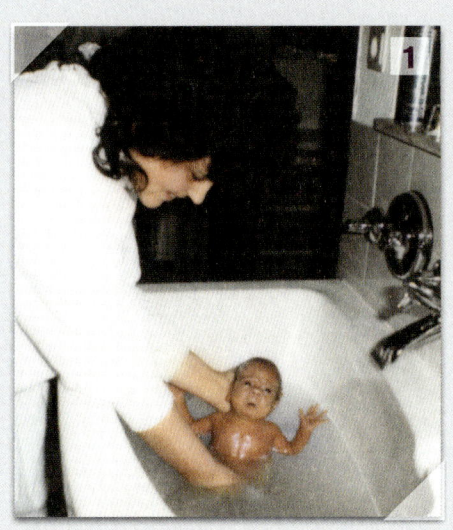

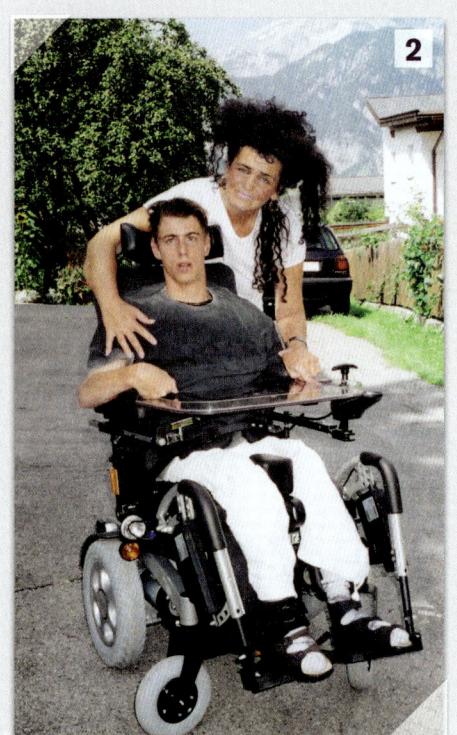

Andreas war als Frühchen nur „eine Handvoll Mensch" (**1**). Trotz vieler Tiefschläge hat Lisi Lerchster immer an ihren Andreas (**2**) und die beiden anderen Söhne (**3**) geglaubt und wie eine Löwin für ihre Familie gekämpft. Andreas hat trotz seiner Behinderung sichtlich viel Spaß am Leben, auch mit seinen Assistenten (**4**/**5**).

„Ich bin zwar schräg, stehe aber mit beiden Beinen im Leben"

GEORG FRABERGER

JAHRGANG 1973

Wenn ihn die Menschen sehen, verfallen sie in ungläubiges Staunen: Georg Fraberger wird ohne Arme und Beine geboren. „Durch meine Behinderung bin ich zwar schräg, sonst führe ich aber ein biederes Leben", sagt der Wiener, der als Psychologe, Autor und Motivationstrainer international erfolgreich ist. Seine schwere Behinderung hat ihn nie von wesentlichen Zielen abhalten können. So ist er nicht nur glücklich verheiratet, sondern hat mittlerweile nicht weniger als fünf Kinder. „Ich bin ein Behinderter, der ein nicht-behindertes Leben führt", sagt Georg Fraberger.

Georg Fraberger hat als Psychologe alle Voraussetzungen, Frieden mit seiner Behinderung zu schließen. Seine Kinder tun sich manchmal noch schwer damit. Denn sich ohne Arme und Beine in der Öffentlichkeit zu bewegen, ist natürlich nicht ganz unauffällig. Wenn sie gemeinsam unterwegs sind und jemand ihren Papa mit großen Augen anstarrt, vielleicht sogar mit dem Finger auf ihn zeigt, dann werden sie immer wieder aus ihrer gelebten Normalität herausgerissen: „Da denke ich mir manchmal schon, was tue ich meinen Kindern da eigentlich an. Meist versuche ich, es mit

Humor zu lösen, und sage: ‚Schau mal, liebe Klara, ein Supermodel wird wegen seines Körpers angeschaut, und ich werde auch wegen meines Körpers angeschaut, die, weil sie so schön ist, und ich auch, weil ich so schön bin.' Und sie sagt dann: ‚Nein, du wirst angeschaut, weil du behindert bist.'"

Dass ein Mensch nicht auf die Körperlichkeit reduziert werden kann, erfahren die Kinder von Georg Fraberger täglich. Sie erleben ihren Vater als vollwertig, obwohl er nicht mit ihnen Fußball spielen kann, aber er kann sie zum Fußballspiel begleiten. „Ich nehme den Ball und sie laufen hinterher, dann nehmen sie den Ball, und wenn es bergauf geht, nehme ich ihn wieder. Ich sehe mich immer wie so eine Art Flugzeugträger. Sie kommen und starten und fliegen weg und kommen wieder zurück und landen. Ich bin quasi dieser Fixpunkt."

Wie oft Georg Fraberger bei Menschen ein echtes Aha-Erlebnis ausgelöst hat, wenn sie ihn mit seiner Frau und der Kinderschar sehen, lässt sich nur erahnen: „Ja, das ist lustig, die können sich das nicht vorstellen, wie das geht. Dabei ist es fast logisch, dass man für ein glückliches Leben nicht unbedingt zwei Beine braucht. Und auch nicht unbedingt zwei Hände."

Für bestimmte Berufe natürlich schon. Als junger Mann will Georg Fraberger Anwalt werden. Er sieht die Filme mit Gregory Peck, wie er sich für die Angeklagten in Szene wirft. „Hab mir gedacht, das wird ohne Arme und Beine nicht funktionieren. Und hab mich dann für den Beruf des Psychologen entschieden. Denn da kämpft man auch für Menschen, halt auf einer anderen Ebene."

Als Psychologe an der Abteilung Orthopädie des AKH Wien muss Georg Fraberger immer wieder mit Menschen sprechen, die einen Arm oder ein Bein verlieren. „Natürlich wären die Gliedmaßen praktisch, das wäre ja komisch, wenn ich sagen würde, die braucht man nicht. Aber man braucht sie nicht für eine Familie. Da braucht man eher ein Auto, damit man genügend Windeln herbeischaffen kann", lacht er, und dank neuester Technologie und dem kleinen linken Fuß mit Zehen kann er mittlerweile sogar ein Auto selbsttätig steuern.

Als behinderter Mensch ein nicht-behindertes Leben führen. Vielen ist Georg Fraberger darin ein großes Vorbild. Man darf die

Behinderung nicht zum Zentrum des Denkens machen, sagt er. Für Menschen, denen das schwerfällt, hat er eine Geschichte aus seiner Jugend parat: Er ist mit Freunden in einem Lokal, als ein berühmter Sänger zur Tür hereinkommt. Die Köpfe wenden sich, alle Blicke richten sich auf den Mann, und ein Freund sagt: „Schau, Georg, die Leute schauen auf ihn genauso wie auf dich, wenn du wo hinkommst." Damals wird ihm schlagartig bewusst, dass die Menschen lediglich die Oberfläche sehen, nur den Körper, aber darüber hinaus sehen sie nichts. Weder seine Seele noch meine Seele sehen sie, denkt er sich damals, und heute formuliert er es so: „Wenn ich den Menschen mit einem Universum vergleiche, dann ist die Seele die Sonne. Und die Liebe ist der Nordstern. Also die Liebe gibt die Orientierung an, die man im Leben einschlägt, und die Seele geht auch nicht verloren, wenn man einmal die Richtung verliert."

Georg Fraberger hat gelernt, den Blick nicht zu sehr auf seine Behinderung zu legen. Der Körper ist für ihn nur ein Stück Materie. „Das gilt auch für Menschen, die glauben, sie sind toll, weil sie so einen tollen Körper haben. Mit ihnen selbst oder mit ihrer Seele hat das aber überhaupt nichts zu tun."

Schon in der Kindheit wird der Grundstock für dieses Denken gelegt. „Ich hatte bei meinen Eltern nie einen Mitleid-Bonus und wurde immer gleich behandelt wie meine beiden gesunden Brüder", erzählt Georg. Er erinnert sich nur an ein einziges Erlebnis großer Ohnmacht, und dieses wird zugleich ein Schlüsselerlebnis für seine weitere Entwicklung.

Die drei Brüder sind in ihren frühen Jahren immer gemeinsam unterwegs, Georg halt mit seinem kleinen Rollstuhl, der damals natürlich noch keinen Motor hat. Als einer der Brüder ein Fahrrad bekommt, setzt der sich drauf und ist auf und davon. Georg hat keine Chance, da mitzukommen. „Für mich war das wie eine Lichtgeschwindigkeit. Da war ich zum ersten Mal hintennach, und ich musste mir etwas einfallen lassen, wie ich weiter mit dabei sein kann." Ein geschenkter Fotoapparat zeigt Georg dann, dass es auch überraschende Lösungen für seine Probleme geben kann: „Ich habe dann meine Brüder fotografiert, wie sie fahren, ich konnte also festhalten, was sie können, und so hatte ich auch wieder meinen Platz in der Gruppe."

In Gesellschaft seiner beiden Brüder lernt Georg dann auch viel über Beziehungen und über Mädchen. „Ich war ja echt naiv mit 14, ich habe geglaubt, die Mädchen sind so hübsch, die können überhaupt keine Probleme im Leben haben." Es ist die große Zeit der ersten Freundschaften, der Träume vom ersten Händchenhalten, vom ersten Kuss. Georg beobachtet zuerst einmal seine Brüder und sieht, dass sie längst nicht immer so beim anderen Geschlecht landen, wie sie es wollen. Das gibt Georg die Gewissheit: Wenn eine Abfuhr auch seinen gesunden Brüdern widerfährt, dann heißt das, dass das bei ihm nicht unbedingt an seinen fehlenden Gliedmaßen liegen muss, sondern wahrscheinlich an ihm selber. Und so macht Georg ohne Arme und Beine, aber mit umso mehr Charme und Witz ausgestattet genauso seine Erfahrungen mit Mädchen wie jeder andere junge Mann auch.

Nach einer gescheiterten Ehe lebt Georg Fraberger mit 35 Jahren zum ersten Mal allein, und es geht ihm nicht gerade wunderbar dabei. Es ist einer seiner Brüder, der ihn dazu animiert, auf einem Partnerportal sein Glück zu versuchen.

Georg findet auch bald ein interessantes Gegenüber und beginnt mit der Frau übers Internet hin und her zu schreiben. Dann kommt das erste Telefonat, bei dem sich die beiden im Bild sehen. „Ich war von ihr bezaubert, so eine schöne Frau. So wie ich nur ihr Gesicht gesehen habe, hat auch sie nur ein Porträt von mir am Bildschirm. Also sie hat nichts von meiner Behinderung gesehen, ich hatte sie bis dorthin auch nicht erwähnt", erzählt Georg. Nach zwei Stunden ist klar, die beiden wollen sich tatsächlich im wirklichen Leben treffen. „Wir haben uns beide sofort ineinander verliebt, da musste ich dann meinen ganzen Mut zusammennehmen. Ich habe gesagt, ich müsse ihr davor nur noch schnell etwas zeigen. Und dann bin ich mit meinem Rollstuhl ganz langsam nach hinten gefahren, sodass sie dann meinen ganzen Körper ohne Arme und Beine sehen konnte."

Und was macht seine Gesprächspartnerin? Sie reagiert fast überhaupt nicht auf das, was sie da sieht, und sagt nur „Ah, jaja, macht nichts." Und dann sprechen die beiden weiter über die Musik, über die Liebe, darüber, wie man sich lebendig und fröhlich hält, ohne trinken gehen zu müssen oder sich irgendwelche Substanzen einwerfen zu müssen. Ganz einfach, wie man es schafft, ein glückliches und Sinn stiftendes Leben zu führen.

Die beiden haben sich gefunden. Die Ehefrau von Georg Fraberger ist zugleich auch seine größte Stütze im Leben, und seine Dankbarkeit ist groß für ihre Entscheidung, ihre Sängerkarriere für ihn und eine gemeinsame Familie aufzugeben.

Denn nicht nur die Kinder brauchen viel Zeit, auch Georg braucht ihre Zuwendung und Hilfe, wenn er nicht von einer Assistenz begleitet wird. „Egal, wann ich nach Hause komme, wenn es nach einem Vortrag mit der Heimreise spät wird, meine Frau muss mich noch versorgen, anders geht es nicht", erzählt Georg Fraberger. Dieses Angewiesensein auf jemand anderen würden viele Menschen als Belastung sehen, für den Psychologen ist es eine Chance und ein Geschenk: „Ich bekomme auf diese Art so viel Zuwendung und Nähe wie kaum jemand. Mit einer schweren Behinderung hat man deutlich mehr Gemeinsamkeit mit einem Partner. Und man kann nicht dauerhaft aufeinander böse sein, ein Streit kann nicht so eskalieren, wie er es sonst vielleicht tun würde." Denn wer würde Georg sonst in der Früh aus dem Bett helfen? Wer würde ihm die nötige Kraft geben, wenn ihn Schmerzen plagen, ihm Mut zusprechen und ihn aus so manchem schwarzen Loch holen?

Der Rücken ist seine große Schwachstelle, er muss so viel mehr aushalten als bei einem gesunden Menschen. Schon das Fehlen der Gliedmaßen belastet massiv, und die schwere Armprothese bringt ihn zusätzlich aus dem Gleichgewicht. „Es ist natürlich auch bei mir nicht so, dass alles eitel Wonne ist. Gerade wenn ich starke Schmerzen habe, und da genügen wenige Tage, ist es schwierig, sich über das Leben zu freuen", sagt Fraberger, der wegen seiner Beschwerden auch immer wieder Operationen über sich ergehen lassen muss.

Nach außen hat Georg Fraberger aber eine so positive Ausstrahlung, dass manche in ihm einen Showmenschen sehen. Doch ein Teil seiner Lebensfreude hat gerade damit viel zu tun – mit den vielen

Problemen und den damit verbundenen Erfolgserlebnissen: „Klar bin ich nicht froh, dass ich jeden Tag zwei Stunden früher aufstehen muss als andere, dass ich Hilfe brauche bei allem, beim Aufstehen, beim Transport, aber wenn ich einmal etwas geschafft habe, wenn ich dann um sieben Uhr bei der Arbeit in der Klinik sein kann, dann ist es eine Freude, dass ich endlich da bin und dass ich dann dieselben Probleme habe wie meine gesunden Kolleginnen und Kollegen. Da bin ich dann wieder mitten in meinem nicht-behinderten Leben."

Georg Fraberger hat einen Weg gemacht, von dem viele sagen, er ist eigentlich nicht möglich. „Leicht ist dieser Weg auch nicht", sagt Fraberger, „und er war nie leicht. Aber als Psychologe denke ich viel über Motivation nach, und ich definiere sie als die Energie, sich anderen Menschen zu zeigen. Solange wir reich, erfolgreich und schön sind, ist das leicht. Aber wenn wir uns nicht mehr so reich fühlen, Falten haben und dazu vielleicht noch Übergewicht, dann wird das schon schwieriger. Das hängt auch damit zusammen, dass wir uns gegenseitig in der Bewertung ziemlich oft kränken, dass wir viel zu streng sind, wenn wir andere und uns selbst beurteilen. Meine einzige Botschaft ist deshalb: Bleiben wir gütig mit allen anderen Menschen – und mit uns selber auch. Seien wir großzügig mit den Fehlern anderer – und auch mit unseren Fehlern. Erst dann ist es möglich, über sich selbst hinauszuwachsen."

Georg Fraberger ist ohne Arme und Beine geboren und bekam schon als Kleinkind Prothesen (1). Georg ist in jungen Jahren ein echter Spaßvogel (2) und seine positive Einstellung hat er sich bis heute erhalten. Georg Fraberger ist nicht nur Psychologe und Coach, sondern auch glücklicher Ehemann (3) und Vater von fünf Kindern.

Die Segel so drehen,
    dass wir mit dem Wind fahren

MARIA ERLACHER

JAHRGANG 1977

Es war alles perfekt im Leben von Maria Erlacher. Sie war schon in jungen Jahren eine erfolgreiche Sängerin, gefeiert auf den Konzert- und Opernbühnen Europas und geliebt für ihren kraftvollen, lebendigen Sopran. Maria führte genau das Leben, das sie sich immer gewünscht hatte, und war glücklich, dass sie Beruf und Familie gut vereinbaren konnte. Zur kleinen Tochter Emma kündigte sich überraschend weiterer Nachwuchs an, und das gleich doppelt. Die Zwillinge kamen zu früh zur Welt und hatten beide eine schwere Behinderung. Das stellte die Familie vor große Herausforderungen.

Natürlich war ich bestürzt", erinnert sich Maria Erlacher, „ich war darauf total unvorbereitet und habe stundenlag nur geweint." Drei Tage nach der Geburt werden bei ihren Zwillingen Tobias und Marlene Zysten im Gehirn festgestellt, die sich in den Vorsorge-Untersuchungen nicht abgezeichnet hatten. „Gleich zwei behinderte Kinder, wie soll das gehen?" Maria hatte in ihrem Leben keinerlei Berührungspunkte mit Behinderung. Aber sie ist sich seit jeher sicher, dass sie ein Kind nie würde abtreiben lassen.

„Es ist für manche sicherlich gut, dass es diese Möglichkeit gibt, aber für mich wäre das nie in Frage gekommen, auch nicht, wenn ich schon in der Schwangerschaft von der Behinderung gewusst hätte", sagt sie. Zu oft habe sie mitbekommen, dass Frauen später unter einer Abtreibung leiden oder dass sich befürchtete Behinderungen im Endeffekt als weitaus weniger schlimm herausstellen.

Doch dieses Glück wird Maria angesichts der Diagnose „Cerebralparese" nicht zuteil. Tobi und Leni entwickeln sich im ersten Jahr deutlich langsamer als andere Kinder. Was man zuerst der frühen Zwillingsgeburt zuschreibt, wird immer mehr als schwere Behinderung deutlich: Die Kinder werden wahrscheinlich nie stehen und gehen können, nicht sitzen und auch nicht sprechen, nicht selbsttätig essen und trinken. Sie brauchen Betreuung rund um die Uhr.

Verzweiflung pur. Angst, es nicht zu schaffen. Viele Tränen. Wie soll das jetzt weitergehen? „Wenn der Wind uns jetzt dermaßen ins Gesicht fährt, dann müssen wir die Segel so drehen, dass wir mit dem Wind fahren." Diesen Satz ihres Ehemannes Markus Forster wird Maria Erlacher nie vergessen. Denn diese Weisheit, ausgesprochen in einer besonders hoffnungslosen Minute am Küchentisch, hat ihren Blick auf das ganze Leben verändert. Plötzlich erkennt sie, dass man nicht gegen Tatsachen ankämpfen kann, dass man sich ihnen aber auch nicht als Opfer ergeben muss: „Wenn ich die Segel mit dem Wind setze, dann fahre ich woanders hin und entdecke vielleicht Länder, die ich sonst überhaupt nie gesehen hätte. Ich sage jetzt nicht, dass das immer so funktioniert, aber wir fahren schon eine lange Zeit gut damit", sagt Maria Erlacher über diese wichtige Erkenntnis in ihrem Leben und strahlt dabei über das ganze Gesicht.

Maria und ihr Mann beschließen, dass ihre körperlich schwer beeinträchtigten Zwillinge daheim aufwachsen sollen. Seither wohnt jemand dauerhaft bei ihnen, denn zu zweit mit drei Kindern und halbberufstätig sind die Pflege und der Haushalt nicht zu schaffen. „Es ist auch mit Unterstützung eine große Herausforderung. Mein Mann, der auch erfolgreicher Konzertsänger ist, pflegt genau wie ich und kocht jeden Tag. Sonst ginge das gar nicht." Jedes Kind braucht pro Mahlzeit rund eine Stunde, dann ist aber noch nichts anderes getan. Pflege, Therapien und andere Aktivitäten brauchen auch noch entsprechend Zeit. „Wir sind eigentlich rund um die Uhr am Arbeiten", schildert Maria.

Bei all diesen Herausforderungen ist den Eltern wesentlich, an den Kindern nicht zuallererst die Behinderung zu sehen. Auch die Einstellung der Therapeuten ist ihnen wichtig: Niemand soll sich denken, wie arm Leni und Tobi doch sind. Stattdessen fordern die Eltern von allen, die mit den beiden arbeiten, einen anderen Blick ein: Man soll die Kinder mit gesunden Augen anschauen und ihnen auch keine Grenzen setzen in dem, was in ihrem Leben jetzt oder irgendwann einmal möglich sein wird. Nur so können sie wachsen, sind die Eltern überzeugt.

Maria Erlacher vergleicht das mit ihrem Unterricht als Professorin für Sologesang am Musikkonservatorium Innsbruck. „Wenn man als Lehrer einen Schüler betrachtet und sich denkt, der wird das nie schaffen, dann wird er es viel schwieriger haben, als wenn man ihm positive Energie schickt und ihm Dinge zutraut." So wie bei ihren Schülern sei das auch in der therapeutischen Arbeit mit ihren Kindern.

Es ist ein hartes Leben, keine Frage. Umso mehr, als die Eltern allerhand unternehmen, um der ganzen Familie so viel Normalität wie möglich zu bieten. Die fünf machen Ausflüge, gehen campen, Rad fahren, sie wagen sich sogar zum Skifahren auf die Piste. „Als wir dann endlich alles zusammengepackt hatten und es wirklich geschafft haben, gemeinsam Ski zu fahren, haben wir geweint vor Glück: Wir sind eine ganz normale Familie, so wie alle anderen auch."

Damit die 15-jährige Emma neben den behinderten Geschwistern nicht zu kurz kommt, gibt es immer wieder exklusive Zeit für sie. Mama Maria unternimmt mit ihr sogar jedes Jahr eine eigene kleine Mutter-Tochter-Reise. Emma hat keine Kindheit wie andere, dafür lernt sie vieles, was andere nicht lernen, sind die Eltern überzeugt. Und mittlerweile hat Emma auch viel eigenes Leben, sie ist Mitglied bei der Feuerwehr, spielt Trompete bei der Blasmusikkapelle und dazu noch mit viel Freude Kontrabass.

Liebe für drei Kinder, die so unterschiedlich sind. Die große Tochter, die ganz selbstverständlich ihren Weg geht und auch schulisch top ist, die beiden Kleinen, die in allem Unterstützung brauchen und doch so viel haben, was die Eltern stolz und glücklich macht. „Das Schöne ist auch, dass man mit den beiden reden kann und merkt, dass es ankommt", schwärmt Maria Erlacher ganz offen. „Sie sind hübsch und klug, und man kann mit ihnen scherzen und sich unterhalten, man muss nur ihre Sprache kennenlernen und offen sein für ihre Reaktionen, die auch ganz klar Ja oder Nein bedeuten."

Allein dass Leni und Tobi über Späße lachen können, zeigt das gute Denkvermögen der beiden. Tobi rechnet mit seinem speziellen augengesteuerten Computer am Ende der Volksschule bis 1000, was für viele unglaublich ist und verwundert. Dazu ist er ein glühender Ö3-Fan und hat noch jeden Therapeuten dazu gebracht, seine Lieblingsmusik einzuschalten. Als er bei einem Preisausschreiben gewinnt, investiert er das Geld in ein tragbares Radio, damit er die Musik immer dabeihat. „Und auch Leni entwickelt sich gut", erzählen die Eltern, „seit man ihre jahrelangen Bauchschmerzen in den Griff bekommen hat."

Die Ausprägungen der Behinderung bei einer Cerebralparese sind sehr unterschiedlich. Im Fall der beiden funktioniert das Gehirn einwandfrei, aber die Befehle kommen nicht in den Gliedmaßen an. Wahrscheinlich werden Leni und Tobi ihr Leben lang im Rollstuhl sitzen müssen. „Ich hoffe immer noch darauf, dass die Verknüpfung im Gehirn eines Tages hergestellt wird und dass sie sich dann selbsttätig bewegen können. Es kommen ja immer neue Fähigkeiten dazu, und das Gehirn kann ein Leben lang lernen", sagt Maria Erlacher.

Ein normales Leben führen – das ist für die Familie das oberste Gebot. So besuchen Leni und Tobi eine Inklusionsklasse und sind voll in die Klassengemeinschaft aufgenommen. Die beiden lernen von den gesunden Kindern, aber das Lernen funktioniert auch in die andere Richtung. Das Sprechen mit den Augen beispielsweise lernen die Schulkinder von Leni und Tobi – nach oben schauen heißt Ja und auf die Seite schauen heißt Nein. So erwerben die Schulkameraden die Fähigkeit, sich mit ihnen zu unterhalten, und sie erleben wohl auch hautnah, dass man nicht aufgeben muss, wenn einem etwas Schlimmes im Leben widerfährt.

Leni und Tobi sind im dörflichen Umfeld integriert, was auch mit dem großen Engagement der Eltern zu tun hat: „Wir sind mit der Behinderung immer ganz offen umgegangen. Wenn man den Menschen die Angst nimmt, dann funktioniert das auch besser", sagt Maria Erlacher, die sich immer freut, wenn bei einem Spaziergang die Menschen auf Leni und Tobi zugehen und ein paar Worte mit ihnen wechseln. Auch bei der Erstkommunion sind die beiden ganz selbstverständlich mit dabei. Gerade Leni liebt es, in die Kirche zu gehen, die Gottesdienste, die Musik – und die Familie musiziert selbst einmal im Jahr im Gotteshaus: Emma spielt Trompete, Maria Orgel und Markus Querflöte. Gemeinschaft so zu leben und auch etwas zurückzugeben, bedeutet Maria Erlacher und ihrem Ehemann Markus Forster sehr viel. Beide sind Sänger und treten auch gemeinsam auf als „Ensemble Amarena". Maria ist überzeugt, dass sich zumindest bei ihr durch die intensiven Erlebnisse mit den Kindern einiges im musikalischen Ausdruck verändert hat. „Ich bin mir sicher, ich singe besser seither, weil ich viel mehr zu mir selbst gekommen bin. Es ist einfach alles inniger geworden."

„Mit der Stimme kann man am besten seine Seele zum Ausdruck bringen. Sie ist wahrscheinlich das schönste Instrument, weil es das intimste ist", sagt Maria Erlacher. Sie singt vieles, mit großer Leidenschaft, von der Kinderoper am Landestheater bis zu Barockmusik oder den schönsten und schwierigsten Messen von Bach oder Haydn. „Ich bin schon gläubig", sagt Maria Erlacher, „daran hat auch unser schweres Schicksal nichts geändert. Manchmal zweifle ich ein bisschen und frage mich, was Gott wieder vor hat mit uns. Aber wenn man dann zurückschaut, dann hat schon alles einen Sinn. Wahrscheinlich könnte ich sonst vieles nicht so positiv empfinden und hätte gar nicht so zu mir gefunden, wenn das nicht wäre."

Maria erzählt davon, dass sie sich selbst viel nähergekommen ist. „Dass Leni und Tobi in unser Leben gekommen sind, hat das Leben eigentlich noch viel wertvoller gemacht. Denn dieses Im-Hier-und-Jetzt-Sein, von dem man überall so viel liest, habe ich gelernt, aber nur durch Leni und Tobi. Davor habe ich zwar die klugen Bücher gelesen, aber gespürt habe ich das nicht. Das war ein großer Lernprozess,

Maria Erlacher mit ihren Kindern und Ehemann Markus Forster (**1**). Die Opernsängerin (**2**) begeistert auf der Bühne nicht nur mit ihrem kraftvollen Sopran, sondern auch mit ihrem komödiantischen Talent (**3**). Trotz der Behinderung der Zwillinge will die Familie ein möglichst normales Leben führen (**4**) und zeigt gerne, wie fröhlich ihr Miteinander ist (**5**).

Fotocredit: 3 Tiroler Landestheater

durch den ich viel zufriedener geworden bin. Ich schätze das Leben heute viel mehr als früher."

Das bedeutet auch, keine langfristigen Pläne zu machen. Momentan ist der Schulwechsel von Leni und Tobi in eine normale Mittelschule das bestimmende Thema. Wenn auch hier die Inklusion gut klappt, dann ist wieder eine große Hürde im Leben der Familie genommen. „Es geht darum, dass man mit dem, was man kriegt und was man hat, zufrieden ist, und das ist ganz viel", sagt Maria Erlacher. „Also wenn ich jetzt sagen würde, ich bin erst glücklich und zufrieden, wenn Leni und Tobi essen können, sprechen oder gehen, was vielleicht nie der Fall sein wird, dann wäre das ein trauriges Leben. Unser Leben ist aber wunderbar und sehr lebendig."

THOMAS WIDERIN

JAHRGANG 1962

Sein Vater kam ins Gefängnis, seine Mutter starb früh. Diese traumatischen Kindheitserlebnisse trieben Thomas Widerin in den Extremsport und schließlich in einen kompletten Zusammenbruch. Auf einer monströsen Radtour geriet er in Alaska in eine lebensgefährliche Situation mit zwei Grizzly-Bären. Danach ließen seine Kräfte aus und er musste in der Psychiatrie sein Leben aufarbeiten. Für den altgedienten Polizisten und angesehenen Flugretter ist das der erste Schritt zu vielen Selbsterkenntnissen und in ein völlig neues Leben.

ch habe immer geglaubt, ein Mann muss hart sein. Heute weiß ich, dass ein Mann auch weinen darf, und dass das manchmal sehr guttut." Aus dem Mund eines Polizisten, den beruflich absolut nichts erschüttern kann, klingt dieser Satz eher ungewöhnlich. Thomas Widerin muss in seinen 36 Dienstjahren zahllose Einsätze meistern, die jedem Menschen alles abverlangen. An eine schlaflose Nacht, die er deswegen verbracht hätte, kann er sich aber nicht erinnern. Auch als leitender Flugretter sieht er in mehr als 2500 Einsätzen außergewöhnlich viel Leid, schwere Unfälle mit Verletzten, regelmäßig Tote,

Der lange Weg zu sich selbst

die zu bergen sind. „Ich habe mir immer gedacht, das kann mir alles nichts anhaben, und es hat mich früher auch nie berührt, ich wurde deshalb auch immer vorgeschickt, wenn etwas besonders hart gewesen ist. Für mich gehörte das einfach zum Leben dazu."

Ausgelastet ist Thomas Widerin in diesem Leben aber nicht. Er schindet sich gern. Bei der Polizei, die damals noch Gendarmerie hieß, wird er gleich zweimal Weltmeister im Amateur-Zehnkampf. „Da musst du natürlich ein großer Egoist sein", sagt Thomas, „sonst wird das nichts."

Mehrere Beziehungen scheitern, doch der Sport dominiert weiter sein Leben. In ihm reift schließlich die fixe Idee, dass er Extremradfahrer werden will, und bei diesem Hobby bleibt er, auch als er dann schon mit seiner zukünftigen Frau beisammen ist. Er trainiert wie besessen und startet immer wieder zu großen Abenteuern in Amerika. Jedes Jahr eine monatelange Reise über viele tausend Kilometer. Als er dann schon verheiratet ist und einen kleinen Sohn hat, soll der Höhepunkt seiner Abenteuertouren in Alaska folgen. „Das muss man sich vorstellen: Ich war mit 48 Jahren ein später Vater, und ich hatte eine große Freude mit meinem Sohn", sagt Thomas, „aber ich hätte mich nie von diesem Plan abbringen lassen."

Thomas Widerin spürt wohl insgeheim, dass er es diesmal übertrieben haben könnte. Denn er erzählt, dass er bei dieser Reise von Anfang an ein komisches Gefühl hatte. „Als ich in Fairbanks in Alaska auf mein Rad gestiegen bin, habe ich gewusst, irgendetwas ist anders. Ich hatte plötzlich massive Angst und großes Heimweh und ich habe gewusst, meine Frau verlässt mich jetzt, obwohl es keine Anzeichen dafür gegeben hat. Unser Sohn war da zwei Jahre alt." Thomas ist wie immer alleine und ohne Begleitfahrzeug unterwegs, er hetzt sich auf menschenleeren Highways ab, die durch unberührte Wildnis mit vielen Gefahren führen. Vollbepackt mit Zelt und allem Drum und Dran ist er unterwegs und sieht keine Menschenseele. Von Tag zu Tag wird Thomas Widerin dabei psychisch schwächer und entscheidet einmal mehr, dass er sich keine Blöße geben darf, dass er durchbeißen muss. Vierzehn qualvolle Tage hält er durch, dann stürzt er schwer und fällt buchstäblich vom Rad.

Das Fatale an diesem Zusammenbruch ist, dass er auf dem Highway genau zwischen zwei Grizzly-Bären passiert, und einer davon führt noch dazu zwei Junge mit sich. In dieser extrem gefährlichen Situation schließt Thomas Widerin mehr oder weniger mit dem Leben ab. Nur weil er aus Erschöpfung bewusstlos wird, greifen ihn die Tiere nicht an. Nach langer Zeit kommt ein einsamer Truck vorbei, der für den Extremsportler die Rettung ist.

Doch auch wenn Thomas Widerin außer Lebensgefahr ist, sein Leben ist nach diesem Zusammenbruch komplett aus den Fugen geraten. Mit Mühe und Not schafft er die mehrtägige Heimreise, dann geht er vollends in die Knie und lässt sich mit einem schweren Burnout in die Psychiatrie bringen.

Die Psychotherapie bringt zutage, was Thomas all die Jahre nicht wahrhaben wollte: Dass er zwar nach außen hin hart ist, ein unverwundbarer Siegertyp, dass es in seiner Seele aber ganz anders aussieht.

Denn aus seiner Kindheit trägt er die schwersten Wunden mit sich, die ein Mensch erleiden kann: Seinen leiblichen Vater lernt er nie kennen, denn der kommt wegen einer Betrügerei ins Gefängnis, als Thomas ein Jahr alt ist und sein Bruder Andreas gerade geboren wird. Für die Mutter ist das damals eine Katastrophe. „Meine Mama war eine so schöne und lebenslustige Frau, sie hat wunderschön gesungen, daran kann ich mich noch gut erinnern", erzählt Thomas Widerin. Durch die Haft des Vaters kommt die Scheidung, und die Frau leidet doppelt: Denn als Geschiedene darf sie nicht mehr im Kirchenchor singen, in der Kirche ist sie generell unerwünscht und gesellschaftlich wird sie geächtet. Als auch noch die Beziehung zu ihrem neuen Mann unglücklich ist, beendet sie ihr Leben: „Ich erinnere mich noch gut, wie sie den Weg da vorne gegangen ist und sich zu mir noch einmal umgedreht hat, wir haben uns noch zugewinkt. Da habe ich sie zum letzten Mal gesehen", erzählt Thomas Widerin.

Die Todesnachricht überbringt die Polizei per Telefon an den ungeliebten Stiefvater. Thomas steht als Neunjähriger daneben und muss alles mitanhören. Doch kein Mensch denkt damals daran, wie notwendig es wäre, dass ein Kind den Verlust der Mutter aufarbeiten kann. „Ich kann mich nicht erinnern, dass wir Kinder jemals Gelegenheit hatten, uns wenigstens irgendwie von unserer Mutter zu verabschieden."

Viele schmerzvolle Stunden lang werden in der Psychiatrie die traumatischen Kindheitserlebnisse aufgearbeitet, und Thomas Widerin wird immer mehr klar, wie sehr diese Schockerlebnisse sein weiteres Leben geprägt haben. Er war extrem ehrgeizig, in der Schule, im Exekutivdienst, bei der Flugrettung. Aber das alles schützt ihn nicht vor seiner Vergangenheit.

Als Gendarmerie-Beamter wird er einmal zu einer Rauferei bei einer Tankstelle gerufen und notiert die Daten der Kontrahenten. Einer der Streithähne sagt plötzlich: „Tom, ich bin dein Papa." Da sieht Thomas zum ersten Mal in seinem Leben seinen leiblichen Vater, von dem immer alle nur gut geredet haben, obwohl er einmal eingesperrt war. „Und was heute für mich katastrophal ist, wenn ich nachdenke: Es hat null in mir ausgelöst, kein positives Gefühl, kein negatives, einfach nichts", erinnert sich der Sohn. „Mein Vater hatte Tränen in den Augen und hat gesagt, er hat meinen ganzen Lebenslauf mitverfolgt und meine ganzen Erfolge, und dass er so stolz ist auf mich, aber es hat mich überhaupt nicht berührt."

Die beiden gehen auseinander, es gibt kein weiteres Treffen. Zwei Jahre später stirbt der Vater von Thomas. Die Einsicht in der Therapie kommt zu spät: „Heute weiß ich, wie wichtig es gewesen wäre, mich wenigstens von meinem Papa verabschieden zu können, wenn es schon bei meiner Mama nicht möglich war. Aber es ist für mich damals einfach nicht gegangen, weil ich zu stur war."

Thomas ist jetzt genau dort, wohin er als Polizist viele Menschen in psychischen Ausnahmesituationen gebracht hat. Jetzt ist er selbst Patient in der Psychiatrie und versteckt sich immer wieder, wenn seine Kollegen jemanden bringen. Sein Selbstwertgefühl ist vorerst einmal im Keller. „Ich bin immerhin zweimal Weltmeister gewesen, und da habe ich dann in der Früh mit den Alkoholikern den Morgenspaziergang gemacht. Das sind maximal fünfzehn Minuten. Da ist immer eine Pflegerin mit mir gegangen, weil ich es allein gar nicht geschafft hätte."

Es dauert lange, bis Thomas Widerin in der Psychiatrie wieder zu Kräften und zu einer Stabilität kommt. Er erzählt, wie es war, als er nach Wochen selber in einen Lebensmittelladen gehen durfte, um Schokolade zu kaufen. „Ich kam ein paar Minuten zu spät hin, es war schon Ladenschluss und die Tür war zugesperrt. Ich war völlig aufgelöst, wusste nicht mehr, was ich jetzt tun soll, und stand wie angewurzelt dort. Dass ich woanders hingehen hätte können, kam mir nicht einmal in den Sinn."

Mehr als drei Monate ist Thomas in der Psychiatrie, bis er wieder auf eigenen Beinen stehen kann. Seine Ehefrau besucht ihn nur einmal – und da, um ihm die Scheidungspapiere zu bringen. Was geht da in einem vor, wenn man selbst ganz unten ist und weiß, wenn man aus der Psychiatrie rausgeht, dann ist man ganz allein, dann hat man wieder keine Familie mehr? „Ich bin auf jeden Fall selber schuld an allem, weil ich immer nur mich selbst gesehen habe. Ich habe gewusst, jetzt muss ich mit aller Konsequenz an mir arbeiten, sonst liege ich irgendwann unter der Brücke."

Thomas Widerin schreibt sich in einem Buch sein ganzes Leben und seine vielen Erlebnisse von der Seele. Gerade als die Therapie fast zu Ende ist, schreibt er den letzten Gedanken nieder: „Ich würde gerne die Reise dort fortsetzen, wo ich sie beenden musste, aber unter anderen Voraussetzungen."

Bei der Verwirklichung des neuen Traums steht ihm eine liebe Freundin zur Seite. Endlich geht er sachte ans Werk und lässt sich genau die Zeit, die er für seine Tour braucht. Der Zusammenbruch hat ihm im wahrsten Sinne des Wortes die Augen geöffnet. Er sieht die Landschaften, er trifft Menschen, die ihn bewegen, und er gewinnt diesmal Eindrücke, anstatt nur Kilometer abzuspulen. Zwei Monate später kommt er überglücklich in Florida an.

Die Aufarbeitung seiner Geschichte ist also fürs Erste gelungen, auch wenn Thomas Widerin jetzt weiß, eine Lebensgeschichte lässt sich genauso wenig abschütteln wie ein Grizzly. Und diese Aufarbeitung ist nur ein erster Schritt: „Ich schäme mich heute wirklich, wie ich mit Menschen umgegangen bin. Bei allen habe ich mich noch nicht entschuldigt dafür. Und manche nehmen mir nicht ab, dass ich mich wirklich geändert habe, das schmerzt dann wirklich. Denn ich war zwar ein arroganter Egoist, aber ich habe etwas dagegen unternommen", zieht Thomas Widerin Bilanz über sein bisheriges Leben.

Den Dienst bei der Polizei hat er mittlerweile quittiert, obwohl er nach dem Zusammenbruch alle nötigen Prüfungen und Tests für den Wiedereinstieg geschafft hat. Auch als Flugretter wird er bald abtreten und nur mehr vergleichsweise ruhige Arbeiten übernehmen.

Und Thomas Widerin plant wieder ein Buch über eine Reise mit dem Rad. Es soll seine allerletzte Reise werden – von Amerika über mehrere Kontinente zurück in seine Heimat. Diesmal allerdings ganz ohne Zeitdruck, ein Jahr lang nur mit sich selbst unterwegs, mit dem Ziel, viel zu spüren und zu erleben. „Das wird dann sicher mein persönlichstes Buch, und es wird den Titel tragen ‚My long Way home – Mein langer Weg nach Hause'." Zugleich wird es wohl ein Buch über den langen Weg auf der Reise zu sich selbst.

„Ich bin schon sehr dankbar, dass ich mein Leben aufarbeiten konnte und kann. Ich kann nur jedem sagen, dem es auch schlecht geht: dir kann geholfen werden, du musst nicht den ganzen Schmerz alleine aushalten", gibt Thomas Widerin seine Botschaft weiter.

Dass er es geschafft hat, diese Reise zu sich selbst durchzuhalten, schreibt er seiner guten Freundin Simone zu, die ihn dabei in den letzten Jahren unterstützt hat. „Ich hoffe, künftig ist mir mein Leben selbst Abenteuer genug", sagt Thomas Widerin. „Irgendwie ist mein schönster Gedanke, wir sitzen mit einem Getränk auf der Hausbank und unterhalten uns darüber, was wir heute Abend im Fernsehen anschauen wollen." Dann bin ich wirklich angekommen.

Als Chef der Tiroler Flugrettung absolvierte Thomas Widerin tausende schwere Einsätze und rettete unzählige Leben (**1**). Den langjährigen Polizisten (**2**) konnte nichts aus der Ruhe bringen. Erst seine Radabenteuer in Amerika (**3/4/5/6**) zeigten ihm die Grenzen auf, die sein Leben komplett verändern sollten.

In guten wie in schlechten Zeiten

MARTHA SALCHNER

JAHRGANG 1956

In Marthas Leben war das Glück perfekt: Sie war jung verheiratet, ihr Mann war genauso vernarrt in die kleine gemeinsame Tochter wie sie, und sie lebten in einer gemütlichen Wohnung. Dieses Nest verließ Ehemann Hans am Valentinstag 1988 für einen Einsatz mit der Bergrettung. Und er sollte nie mehr hierher zurückkehren. Denn der Rettungshubschrauber stürzte ab und Hans wurde zum schwersten Pflegefall. Für Ehefrau Martha ist auch 32 Jahre nach dem folgenschweren Unfall klar: Ihren Hans wird sie nie verlassen.

Manchmal kommt es mir so vor, als hätte der Hans damals eine Vorahnung gehabt", sagt Martha Salchner. „Zwei Wochen vor dem Unglück hat er eine Freundin im Rollstuhl über die Treppen in unsere neue Wohnung hinaufgetragen und zu ihr gesagt, so ein beschwerliches Leben wie du könnte ich nie aushalten."

Nur zwei Wochen später hängt sein eigenes Leben an einem seidenen Faden. Hans rückt nach einem Lawinenabgang als Bergretter aus, um mehrere Leben zu retten. Das gelingt auch, aber beim Rückflug aus dem Tiroler Fotschertal geraten die erfahrenen Retter selbst in die allergrößte Tragödie. Denn der Notarzthubschrauber Christophorus 1 stürzt ohne jeden erkennbaren Grund ab. Der Notarzt und der Notfallsanitäter sind sofort tot. Der Pilot und Bergretter Hans Salchner überleben mit schwersten Verletzungen.

Martha erfährt erst nach Mitternacht vom Unglück und dass Hans auf der Intensivstation um sein Leben ringt. Sie gibt die 14 Monate alte Lisa zur Schwägerin und fährt in die Klinik, sie rast dorthin, erinnert sie sich. Die damals 31-Jährige ist seit zehn Jahren Krankenschwester auf der Kinderkrebsstation und hat schon viele schwierige Situationen miterlebt.

Jetzt geht es aber um ihren eigenen Mann. Sie sieht auf der Intensivstation in aller Dramatik, wie um sein Leben gekämpft wird: „In dem Moment zieht es dir wirklich den Boden unter den Füßen weg. Ich habe noch lange die Menschen nur reden gesehen, aber nichts gehört. Er war so stark unterkühlt, er hatte nur mehr 26 Grad Körpertemperatur. Sie haben ihn aufgewärmt und ich habe zugesehen, hab meinen regungslosen Mann gesehen und hab mir nur mehr gedacht, hoffentlich schafft er es."

Den ersten Hochzeitstag verbringen Martha und Hans Salchner auf der Intensivstation. Hans hat zwar überlebt, aber er hat schwerste Schädel-Hirn-Verletzungen erlitten und liegt lange im künstlichen Koma. „Ich bin mir sicher, er hat trotzdem viel mitgekriegt, aber er hat sich nicht mitteilen können. Für mich ist das eine entsetzliche Vorstellung. Du kannst selber nichts tun und bist darauf angewiesen, dass die anderen sehen, was du brauchst", erinnert sich Martha.

In dieser Zeit denkt sie oft zurück an die Hochzeit, an diesen bewegenden Moment, als der Pfarrer sagt, in guten wie in schlechten Zeiten … „Damals habe ich mir gedacht, worauf lasse ich mich denn da jetzt ein, die schlechten Jahre sind ja auch dabei, einen Moment habe ich mir wirklich überlegt, was soll ich denn da jetzt sagen, aber dann war für mich schon klar: Nein, nein, bei uns wird schon nichts Schlimmes sein."

Doch es wird schlimmer als alle Befürchtungen. Das erkennt Martha spätestens dann, als der Chef der Intensivstation zu ihr sagt: „Wir sind jetzt mit unserem Können und mit allem, was wir wissen, am Ende. Jetzt können wir nur mehr hoffen auf den Herrgott, dass es gut weitergeht für den Hans und für euch."

Aus dem lebenslustigen Hans Salchner, dem Bergsteiger und Hüttenwart, dem beliebten Briefträger der kleinen Gemeinde, ist ein Pflegefall geworden. Er wird sein Leben im Rollstuhl verbringen müssen und nichts mehr alleine machen können – auf Hilfe angewiesen in jeder Situation. Er muss zwar nicht mit einer Sonde ernährt werden, aber er braucht immer jemanden, der ihm die Hand zum Mund führt, sonst ist essen oder trinken unmöglich.

Ein junger Familienvater, der in einem gefährlichen Rettungseinsatz selbst zum Opfer wird – da ist die allgemeine Betroffenheit ebenso groß wie die Hilfsbereitschaft. Die Familie erhält Spenden von überallher, auch von den geretteten deutschen Lawinenopfern. Firmen und Vereine geben zu Weihnachten Geld, das dringend benötigt wird – und Martha erfährt plötzlich nicht mehr nur Mitgefühl, sondern auch so etwas wie Neid in der kleinen Gemeinde, in der jeder jeden kennt: „Plötzlich hat es geheißen, denen geht's eh so gut, die haben jetzt Geld in Hülle und Fülle. Ich habe dann gesagt, ich schwöre euch, ich könnte auf alles verzichten, wenn ich nur meinen Mann wiederhätte, so gesund, wie er vorher war."

Doch das wird nie mehr der Fall sein – der Unfall verändert auch Marthas Leben massiv. Auch sie braucht seit dem Unfall viel Hilfe. Die Schwiegermutter, die Schwägerinnen, der Bruder, alle tragen und unterstützen sie, auch bei der Betreuung der kleinen Tochter Lisa. Im Parterre wird eine Wohnung behindertengerecht adaptiert, sodass Hans nach über einem Jahr nach Hause gebracht werden kann. Fünf Jahre schafft sie es, ihn alleine zu pflegen. Sie jammert nie, aber sie wünscht sich bei den Neidern manchmal ein wenig mehr Verständnis für ihre Situation: „Die kennen das natürlich nicht, wie das ist. Wie oft man in der Nacht aufstehen muss, dann den Mann umdrehen, dann ist er wieder nass, dann muss man wieder alles frisch überziehen, dann in der Früh wieder raus, und das einfach jeden Tag, das kostet so viel Energie, das kann sich niemand vorstellen."

Die Frage nach dem Warum gibt es für sie nicht – weder damals noch heute. Und Martha macht auch niemanden für das Unglück verantwortlich. Schon gar nicht den Hubschrauberpiloten, der als Einziger nach dem Absturz körperlich wieder weitgehend genesen ist. Er sagt später einmal zu Martha, dass es vielleicht ein Fehler war, damals diesen Einsatz zu fliegen und die Lawinenopfer zu bergen. „Aber ich finde das nicht, ich finde, es war eine richtige und mutige Entscheidung. Dass sich die Dinge so entwickeln, weiß man nicht, und ich habe gelernt: So wie es ist, ist es, und alles hat seinen Sinn", sagt Martha.

Diesen Grundsatz bezieht Martha Salchner nicht nur auf den Unfall, sondern auf das gesamte Leben, das noch einige Überraschungen für sie bereithalten sollte: Irgendwann in dieser so fordernden Zeit trifft Martha zufällig auf ihren früheren Freund. Die beiden erkennen, dass sie immer noch eine große Vertrautheit verbindet – ein Gefühl, das Martha schnell zu schätzen weiß: „Ich habe erst jetzt gespürt, wie alleine ich war, wie sehr auch ich eine Schulter zum Anlehnen brauchte und jemanden, der ganz für mich da ist." Aus den Treffen wird mehr, der Freund will mit Martha eine Familie gründen. „Aber ich wusste, ich kann den Hans nicht verlassen. Erstens, weil ich zu ihm Ja gesagt habe, weil ich ihn liebe, und zweitens, weil ich nicht mein Leben weiterleben kann und er bleibt auf der Strecke, da wäre ich nicht glücklich geworden." Am Ende dieser Beziehung wird Martha schwanger, mit knapp 40 Jahren. Eine Abtreibung kommt für sie nicht in Frage und sie wünscht sich nur eines: dass das Kind gesund auf die Welt kommt.

Im Dorf bekommt Martha noch einmal alle Missbilligung zu spüren: Der arme Hans, der sich nicht wehren kann, und die herzlose Frau, die sich mit einem anderen vergnügt. „Das war natürlich ein Riesenskandal, und es hat genügend Leute gegeben, die waren so wütend, dass sie die Straßenseite gewechselt haben. Damit habe ich die Menschen eindeutig überfordert, das konnten sie nicht mehr verstehen. Aber angesprochen hat mich auch niemand, dazu waren sie alle zu feig", erinnert sich Martha.

Sie versucht erst gar nicht, die Schwangerschaft vor Hans zu verbergen. Martha sagt ihm, dass sie von ihrem Exfreund schwanger ist und dass sie das Baby kriegen wird: „Aber ich werde immer bei dir bleiben und dich nie im Stich lassen und wir werden weiter so in der Familie leben, wie wir es bisher getan haben." Martha ist sich bis heute sicher, dass ihn die Liebschaft und deren Folgen überhaupt nicht erschüttert haben. „Man kann sich das nicht so vorstellen wie mit einem gesunden Menschen. Wenn man so schwer beeinträchtigt ist, da zählen ganz andere Werte", ist sie überzeugt. „Und Hans hat ja gesehen, dass ich immer da war."

Seine Frau war immer da – und sie ist immer da. Auch als Hans später in ein Pflegeheim übersiedeln muss, ist die Ehefrau weiter an seiner Seite. Er sieht seine Tochter Lisa aufwachsen und auch den kleinen Bernie.

Hans kennt die Menschen alle, auch die Freunde und Bekannten, die ihn bis heute nicht vergessen haben und immer wieder besuchen. Der jährliche Blaulicht-Tag, eine Großveranstaltung der Rettungsorganisationen, bei dem auch die Bergrettung vertreten ist, ist das absolute Highlight für Hans Salchner. „Da kann er stundenlang schauen und ist ganz in seiner Welt. Solche Abwechslungen liebt er natürlich", sagt Martha, aber es wird ihm auch im Pflegeheim selten fad: Da verbringt er gerne Zeit im Gemeinschaftsraum und schaut die Menschen an. „Wenn er gut sitzt und keine Schmerzen hat, dann genießt er es, dass er in Gesellschaft sein kann, dann kann er schmunzeln und lachen bei seinen Beobachtungen, er war ja immer schon sehr gesellig und das ist ihm geblieben."

Mehr als dreißig Jahre lang miteinander – da hat sich zwischen den beiden vieles eingespielt, eigentlich wie bei jedem anderen Ehepaar auch: „Ich muss den Hans nur anschauen, dann weiß ich schon, was Sache ist", sagt Martha. Sie stellt ihm die Fragen so, dass er mit Ja oder Nein antworten kann, und wenn Hans entspannt ist und keine Schmerzen hat, dann ist durchaus ein wenig Unterhaltung möglich: „Hans, bist du müde?" – „Ja." – „Magst du ins Bett?" – „Nein." – „Soll ich dich in den Rollstuhl setzen?" – „Ja!"

Martha sagt, sie spürt, was Hans braucht, dass er ihre Massagen liebt oder gerne zuhört, wenn sie ihm etwas vorliest. Sie erkennt auch, wenn er seine Ruhe haben will, dann sitzt Martha auch nur mit dem Strickzeug bei ihm. „Manchmal schaut er mich dann so an und schmunzelt, oder wenn ich einen bestimmten Gesichtsausdruck habe, dann kann er richtig lachen, und wenn ich dann frage, was ihm jetzt so gefällt, dann sagt er: du!"

Und wenn er einen ganz guten Tag hat, dann beantwortet er ihr auch die Frage nach seinem allergrößten Wunsch: „Wieder gehen", sagt Hans dann und lächelt.

Seine Gelassenheit und Ruhe liebt und bewundert Martha seit jeher. „Das hatte er immer schon, er hat sich nie über etwas aufgeregt, das ist ihm genauso geblieben wie seine Fröhlichkeit und sein verschmitztes Lächeln, damit beschenkt er die Menschen bis heute."

Martha will für diese mehr als 30 Jahre an der Seite ihres Ehemannes weder Lob noch Anerkennung. „Bewundern muss man nicht mich, bewundern muss man ihn. Er muss die Situation ertragen, er ist dem Ganzen ausgeliefert und er muss die Schmerzen aushalten."

„Erstens kommt es anders, zweitens als man denkt." – Dieser Satz ist zum Leitsatz von Martha Salchner geworden. Und er gilt auch für sie selber. Denn auch ihr Körper, ihr Geist, ihre Seele sind irgendwann unter der Belastung aus dem Gleichgewicht geraten: Vor einigen Jahren wurde bei ihr Brustkrebs diagnostiziert. Auch starke Frauen sind nicht unverwundbar, das musste Martha schmerzvoll lernen. Mittlerweile ist sie genesen, aber sie hat aufgehört, eigene Pläne zu machen. Stattdessen ist sie dankbar für jeden Tag, der schmerzfrei ist für Hans. „Da unterscheide ich mich sicherlich von vielen anderen, weil ich mein eigenes Leben total zurückgefahren habe und glücklich bin, wenn alles halbwegs in unserem Rahmen bleibt."

Ihren 33. Hochzeitstag begehen Martha und Hans wie viele andere Paare auch: „Da machen wir einen Ausflug mit der Familie, es gibt Wiener Schnitzel im Gasthaus und ein Bierchen, das liebt der Hans, auch wenn ich ihm wie immer beim Essen und Trinken helfen muss." Es ist das Gasthaus, in dem Martha und Hans einst ihre Hochzeit gefeiert haben.

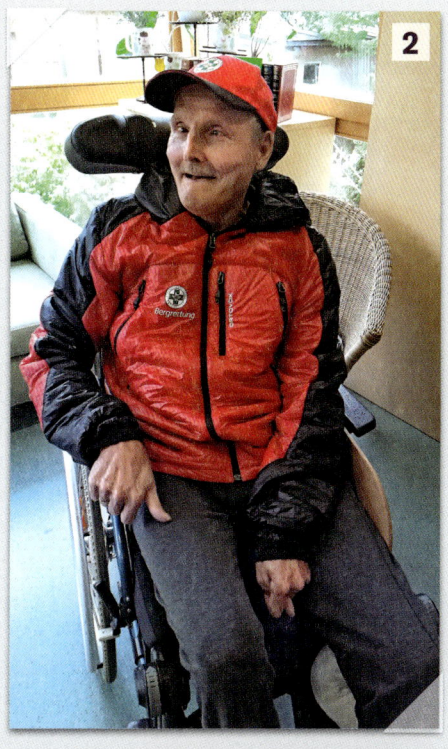

Das unbeschwerte Glück von Martha und Hans Salchner (**1**) dauerte nur wenige Monate. Hans Salchner stürzte als Bergretter in einem Rettungshubschrauber ab und ist seit 30 Jahren ein Pflegefall (**2**). Die Liebe von Martha und Hans ist bis heute geblieben, auch wenn ihre Beziehung schwerste Prüfungen zu bestehen hatte (**3**).

„Das Kuscheln ...

MELANIE UND CHRISTOPH NEISEN

JAHRGANG 1988 UND 1980

Sie sitzen beide im Rollstuhl und sind ständig auf Hilfe angewiesen. Doch das hat sie nie davon abgebracht, an ihren Träumen festzuhalten. Und beide hatten denselben Traum: Trotz der Behinderung wollten sie einen Partner, eine Partnerin finden und heiraten. Irgendwann sind sich Melanie und Christoph dann „über den Weg gelaufen", lachen die beiden im Rollstuhl. Und es beginnt die wunderschöne Liebesgeschichte zwischen der Tirolerin und dem Deutschen, die so unterschiedlich aufgewachsen sind und trotzdem zueinander gefunden haben.

Melanie und Christoph sind viele hundert Kilometer voneinander entfernt mit genau derselben Körperbehinderung geboren. Die „spastische Tetraplegie" bringt mit sich, dass Arme und Beine nicht richtig funktionieren und Betroffene Hilfe aller Art brauchen – angefangen beim Aufstehen, beim Anziehen, der Körperpflege, beim Transfer in den Rollstuhl und bei vielen Verrichtungen des Alltags. Die ersten Jahre von Melanie und

„... funktioniert auch im Rollstuhl"

Christoph verlaufen ähnlich. Sie wachsen zu Hause auf, und in den ersten Jahren spüren sie selber kaum, dass bei ihnen etwas anders ist.

„Bei mir war es mit sechs, dass ich meine Behinderung erkannt habe, als ich in die Schule kam und meinen ersten Rollstuhl bekam", erinnert sich Christoph. Er bezeichnet es als großes Glück, dass genau damals in Bochum Deutschlands erste Inklusionsschule eröffnet wurde. „Meine Eltern wollten immer, dass für mich alles so normal wie möglich verläuft, wie bei jedem anderen Kind auch." So besucht Christoph eine Inklusionsklasse, in der drei beeinträchtigte und zwanzig gesunde Kinder sitzen, er ist bei allen Ausflügen und Schullandwochen mit von der Partie und findet dort auch zwei richtig gute Freunde, mit denen er bis heute in Kontakt steht.

Melanie schaut ein wenig sehnsüchtig, wenn Christoph das erzählt, denn bei ihr ist damals von Inklusion noch keine Rede. Sie realisiert ihre Behinderung in der ganzen Tragweite mit etwa zehn Jahren, als sie dann wirklich auf den Rollstuhl angewiesen ist. Zu diesem Zeitpunkt besucht sie schon einige Jahre ein Förderzentrum für behinderte Kinder und junge Menschen. „Die Volksschule daheim im Zillertal wäre nicht einmal barrierefrei gewesen, es hat für mich gar keine andere Möglichkeit gegeben. Ich wurde sehr gut gefördert, aber ich hatte im Internat all die Jahre massives Heimweh." Melanie kann es Woche für Woche kaum erwarten, bis es Freitag wird und sie endlich wieder heim zu ihrer Familie darf. „Die Schule hat mich sicher sehr weit im Leben gebracht, aber jede Woche war sehr lang für mich, und ich hatte so große Sehnsucht, ganz besonders nach meiner Mama."

Christoph macht nach der Pflichtschule das Fachabitur und die Ausbildung zum Informatikkaufmann. Er hat immer sehr gute Noten und freut sich, dass das ganz ohne Sonderstellung möglich ist, dass er behandelt wird wie alle anderen. Die Eltern sind entsprechend stolz. „Meine Mutter hat mich immer sehr gefördert, sie hat so an mich geglaubt und immer für mich gekämpft, auch als sie aufgrund ihrer Diabetes schon ziemlich krank war", erzählt Christoph. Wie schlecht es um seine Mutter steht, erkennt er bis zuletzt nicht. Eines Abends, Christoph ist damals 29 Jahre alt, verabschiedet sie sich nach einer

Operation im Krankenhaus von ihm und sagt: „Ich möchte, dass du etwas aus deinem Leben machst und dass du eine nette Frau findest und auf eigenen Beinen stehst." Christoph erkennt in dem Moment nicht, dass die Worte seiner Mutter einen tiefen Grund haben und dass er sie nie mehr wiedersehen wird. Sie stirbt noch in der folgenden Nacht im Krankenhaus. Es ist ein schwerer Schlag für alle, doch der Vater und der Bruder übernehmen die Betreuung von Christoph, sodass er weiter in der Familie leben kann.

Erst Jahre später sollten sich die Wege von Christoph und Melanie kreuzen. Nicht ganz zufällig freilich. Denn Christoph lernt im Urlaub in Österreich eine Freundin von Melanie kennen. Die hat wohl ein klein wenig gute Fee gespielt und die beiden zusammengebracht. „Am Neujahrstag 2011 haben wir uns das erste Mal getroffen", erinnert sich Melanie an diese ganz besondere Begegnung. Die beiden verabreden sich in einem Einkaufszentrum, und Christoph rollt den langen Gang immer weiter auf Melanie zu. „Seine Ausstrahlung hat mich sofort fasziniert, er war so positiv, er hat so gestrahlt und mich mit seinem schönen Lächeln bezaubert", strahlt Melanie.

Auch nach diesem Urlaub bleibt der Kontakt zwischen den beiden bestehen. Sie schreiben am Computer E-Mails hin und her, telefonieren und verstehen sich sehr gut. „Aber ich war da ja noch unter anderer Haube", sagt Melanie, und deshalb herrscht dann vorübergehend Funkstille zwischen den beiden, bis Melanie endlich frei ist für Christoph. „Ich habe ihn dann mit klopfendem Herzen angeschrieben und gefragt, ob er sich mit mir mehr vorstellen könnte." Keine fünf Minuten hat es gedauert, bis die Antwort kam, erzählen beide immer noch bewegt. „Es war ein klares Ja", sagt Christoph. „Ich habe sie nie vergessen können, ich dachte mir schon immer, die ist so lieb, das wäre eine Frau für mich. Dieses Lachen, die strahlenden blauen Augen, die langen, blonden Haare. Schade, dass sie schon jemanden hat."

Es kommt wie im schönsten Roman: Nach einer Zeit der Fernbeziehung beschließen die beiden zu heiraten. Christoph soll nach Tirol übersiedeln. Seine Familie in Deutschland hat große Bedenken, ob Christoph das schaffen kann. Schließlich braucht er Betreuung rund um die Uhr und wäre dann plötzlich aus seinem sozialen Umfeld mit dem bewährten Sicherheitsnetz herausgerissen. Und seinen fixen Arbeitsplatz würde er auch noch verlieren. „Aber mir war klar, das ist keine Laune, das ist Liebe, und ich will unbedingt mit Melly leben, es muss irgendwie möglich sein. Und so habe ich mit meinem Chef gesprochen, der war so begeistert, dass er mich gleich unterstützen wollte. Er sagte, dann arbeitest du halt von Tirol aus für mich, und hat mir einen Telearbeitsplatz eingerichtet. Dank der modernen Technik kann man sich ja von überallher ins Firmennetzwerk einwählen", erzählt Christoph.

Hochzeit feiern die beiden in Tirol mit ihren Familien. Es ist wie bei jedem anderen Paar der schönste Tag im Leben, eine echte Traumhochzeit. Melanie trägt ein wunderschönes weißes Brautkleid mit Schleier, sie hat einen neuen Rollstuhl für den großen Tag. Christoph steht im Rollstuhl vorne am Altar, und als Melly mit ihrer Mama zur Kirche hereinrollt, gibt es niemanden, der nicht nasse Augen hat vor Rührung. „Wenn man in die Kirche einfährt und vor dem Altar steht, und dann kommt die wunderschöne Braut, so hergerichtet, da weiß man gar nicht, was man sagen soll. Ich war überwältigt, und es hat nicht viel gefehlt, dann wäre ich wirklich in Tränen ausgebrochen", erinnert sich Christoph. Und seine Melly nickt, ihr ist es ganz gleich ergangen. „Als ich ihn da gesehen habe, so elegant im Anzug und mit seinem schönen Lächeln, es war unbeschreiblich."

Melanie hatte für die Zeremonie mit den Eheringen eine besondere Idee, denn durch ihre Behinderung können sich die beiden die Eheringe nicht gegenseitig anstecken. Die Ringe legen ihnen deshalb die Eltern an, Melanies Mutter übernimmt das bei Christoph. Er denkt an diesem Tag besonders oft an seine eigene Mutter, die ihm dieses Glück auf dem Sterbebett gewünscht hat und es nun selber nicht mehr erleben darf. „Sie war so ein Vorbild für mich, sie hat auch immer so viel gekämpft und nicht aufgegeben, und sie war mir an diesem Tag ganz besonders nah", sagt Christoph.

Der sehnlichste Traum von Melanie und Christoph ist trotz ihrer schweren Behinderung Wirklichkeit geworden. Die beiden bewohnen als Ehepaar im Rollstuhl eine gemeinsame Wohnung und werden durch persönliche Assistenz unterstützt. Der Tag beginnt um sechs Uhr früh, wenn zwei Assistenten den beiden aus dem Bett helfen, denn alleine wäre das nicht möglich. Untertags erledigt eine Assistenz den Haushalt und kocht, am Abend werden die beiden wieder von zwei Assistenten betreut. Um 20 Uhr liegen Melanie und Christoph dann im Bett und hier müssen sie auch bleiben, bis am Morgen wieder der Dienst für die Assistenten beginnt. Nur für den äußersten Notfall gibt es einen Knopf für einen Hilfseinsatz. Es ist ein beschwerliches Leben, und doch das schönste, das sich die beiden vorstellen können. „Am Abend, wenn wir dann alleine sind, unterhalten wir uns oder lesen, oder wir sehen uns einen Film an, es sind Abende wie bei jedem anderen Ehepaar auch", lächelt Melanie.

Nur wenig fehlt den beiden, am ehesten ist es die Freiheit, spontan etwas zu unternehmen. Christoph träumt davon, einfach ins Auto zu steigen und nach Italien ans Meer zu fahren. Oder dass sie am Abend kurzentschlossen ausgehen können. Das gibt es für die beiden normalerweise nicht, aber damit haben sie gelernt zu leben.

Melanie wurde zur Hochzeit ein Herzenswunsch erfüllt. Sie hat jetzt eine kleine Havaneser-Hündin. Luna macht das Glück der kleinen Familie perfekt, und sie hat sogar das Herz von Christoph erobert, der am Anfang gar nicht begeistert war vom Familienzuwachs. Doch Melanie hat ihr organisatorisches Talent unter Beweis gestellt, sodass Luna trotz der Behinderung ihres Frauchens ein wunderbares Hundeleben hat. Das Gassigehen ist genauso gesichert wie das Futter, das ein kleiner Automat in regelmäßigen Abständen freigibt. „Und das Kuscheln funktioniert auch im Rollstuhl", strahlt Melanie, die glücklich ist, dass kritische Stimmen mittlerweile verstummt sind.

„Was brauchen die beiden einen Hund", hat es in ihrer Umgebung geheißen, „sie können ihn ja gar nicht richtig versorgen." So etwas schmerzt die beiden, weil es ihnen zeigt, dass es Menschen gibt, von denen sie nicht für voll genommen werden, nur weil sie im Rollstuhl sitzen.

Christoph, der mittlerweile bei einer Tiroler Firma tätig und dort wegen seines Könnens sehr geschätzt ist, erlebt immer wieder mangelnden Respekt: Gerade ist es passiert, dass meine Kollegen von

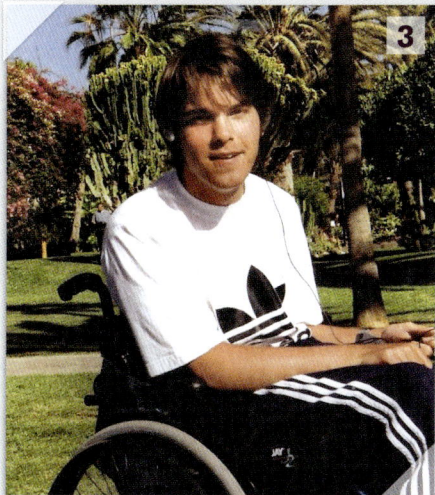

Christoph (**1/3**) ist in Deutschland aufgewachsen, Melanie (**2**) in Tirol. Die beiden sind mit derselben Behinderung zur Welt gekommen und haben durch einen Zufall zueinander gefunden. Mit Hündin Luna (**4**) sind die beiden nach einer berührenden Traumhochzeit (**5**) eine glückliche Familie.

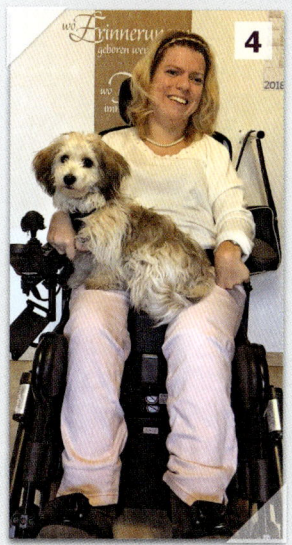

einem Immobilienmakler alle per Sie und mit einem Händedruck begrüßt wurden. Zu mir hat er nur gesagt: „Ach, du bist auch da", obwohl er mich nicht einmal gekannt hat. Wenn die Mitmenschen diesbezüglich mehr Sensibilität hätten, dann wäre das Leben noch schöner, sind sich die beiden einig. „Wir sind da ganz offen und freuen uns über jeden, der mit Fragen auf uns zukommt, anstatt sich von Vorurteilen leiten zu lassen."

Das Leben hat für Melanie und Christoph die schönsten Überraschungen bereitgehalten. „Man muss aber auch den Mut haben, sich darauf einzulassen. Wenn man einen Traum hat, dann darf man einfach nicht aufgeben", sagen die beiden.

PETER MERANER

JAHRGANG 1956

Er galt als Koryphäe in seinem Beruf. Peter Meraner hatte als Marketingchef einer großen Bank viele Fäden in der Hand, genoss Macht und Einfluss. Dass er dafür bis zu hundert Stunden in der Woche arbeitete, war normal. Doch irgendwann bekam er die Rechnung präsentiert: Peter Meraner schlitterte in ein gewaltiges Burnout. Als nichts mehr ging, fand er auf einem langen Weg zu sich selbst – und führt heute ein Leben, das ihn glücklich macht, das aber wohl viele seiner früheren Freunde belächeln würden.

Wenn du beruflich in einer so wichtigen Position sitzt, dann hast du hunderte oder tausende Freunde", sagt Peter Meraner, „weil sie alle glauben, da ist etwas zu holen." Doch auf all die Schulterklopfer der letzten Jahrzehnte könne er heute getrost verzichten. Wer seine wirklichen, tiefen Freunde sind? „Das ist meine Frau, das sind meine zwei Söhne. Es ist einfach herrlich, wenn du so weit bist, dass du das schätzen und genießen kannst. Früher war der Job wichtiger als alles, was daheim abgeht."

„Ich konnte nicht mehr
in den Spiegel schauen"

Peter Meraner schlittert im Jahr 2007 in sein Burnout. Zwanzig Jahre lang ist er zuvor als Marketingchef einer Bank ein echter Workaholic, ein Perfektionist, einer, der im Zweifel alles selber macht, damit es dann auch wirklich seinen Vorstellungen entspricht.

Er ist erfolgreich und beliebt, ein begnadeter Witze-Erzähler und eine Stimmungskanone, immer mit Vollgas unterwegs, ein gern gesehener Gast und ein sprühender Gesprächspartner. Dass ihm dabei langsam, aber sicher die Kraft ausgeht, ignoriert Peter Meraner über viele Jahre. „Ich war sicher schon fast zehn Jahre krank, nur habe ich alles verdrängt, und ein Burnout kannte man damals auch noch nicht so wie heute."

Peter Meraner kämpft über all die Jahre mit Schlafstörungen, starkem Schwitzen in der Nacht, mit Selbstzweifeln und Alpträumen, mit irrealen Ängsten. Im Büro zuckt er jedes Mal zusammen, wenn das Telefon läutet, obwohl er nichts zu befürchten hat. Dass das nicht normal sein kann, spürt der Manager wohl, aber er nimmt all die Anzeichen nicht wirklich ernst. Heute sagt Peter Meraner, das war sein größter Fehler, sich nicht rechtzeitig den körperlichen und seelischen Qualen zu stellen und früh genug die Stopp-Taste zu drücken.

Beim Golfspielen mit einem Arzt fällt schließlich sein emotionales Kartenhaus zusammen, als der Arzt bemerkt, wie schlecht der Strahlemann an diesem Tag aussieht und es dann aus Peter herausbricht: „Wenn du drei Wochen nicht schläfst, dann schaust du auch nicht gut aus." Dieser Tag sollte der Wendepunkt im Leben von Peter Meraner sein, denn der Arzt schickt ihn direkt zur Untersuchung an die Klinik. Die Diagnose ist eindeutig: Peter hat ein schweres Burnout. Er wird sofort für Monate krankgeschrieben und muss zur Kur – trotz allem ein Moment großer Erleichterung für Peter, der offenbar schon so krank war, dass er selber gar nicht mehr in der Lage gewesen wäre, die entsprechenden Schritte zu setzen – auch das ist für ein Burnout durchaus typisch.

„Du bist wie ein personifizierter Stahlträger, hat der Physiotherapeut in der Kuranstalt zu mir gesagt", erinnert sich Peter, „der Körper war steinhart – ich war verkrampft bis in die kleinste Zehe –, weil er sich gewehrt hat gegen die Dauerbelastung, jeder Muskel war in einem permanenten Krampfzustand." Als sich alles zu lockern beginnt, sieht Peter zum ersten Mal bewusst einen Vogel im Baum und erschrickt richtiggehend, weil er erkennt, wie weit er sich schon vom Leben entfernt hat, wie wenig er über all die Jahre im Moment gelebt hat, ohne Strategien zu schmieden und Marketingpläne im Kopf durchzugehen.

Er kehrt nach Monaten wieder in die Bank zurück, doch glücklich wird er hier nicht mehr. "Es ist, wie wenn du täglich an dem Baum vorbeifährst, an den du mit deinem Auto gekracht bist. Der Baum kann nichts dafür, aber er erinnert dich die ganze Zeit an ein schreckliches Erlebnis."

Zum allgemeinen Entsetzen kündigt Peter Meraner bei "seiner" Bank, in der er trotz Krankheit eine sichere Lebensstellung gehabt hätte. Kein sicheres Einkommen mehr und schon gar kein Spitzengehalt wie bisher, vorbei das Leben in Saus und Braus. Besonders hart trifft die Entscheidung Ehefrau Inge. Sie spürt zwar die positive Veränderung in ihrem Peter, aber gleichzeitig melden sich auch Existenzängste, zumal man jetzt erst einmal vor dem Nichts steht.

Doch Peter Meraner hat schon die nächste Idee im Kopf und wechselt aus der Chefetage in einen Imbissladen. Er eröffnet in der Innsbrucker Markthalle eine Würstelbude, hat Spaß am Leben und ist wieder fast der Alte. Ein, zwei Jahre geht alles gut und er fühlt sich wieder stark und unverwundbar, so sehr, dass er es noch einmal wissen will: Kurzerhand übernimmt er die Geschäftsführung der ganzen Markthalle, rackert wieder wie zuvor, bringt den maroden Betrieb für seine ganzen Mieter auf Vordermann – und bemerkt eines Tages, dass sich alte Beschwerden wieder zurückmelden. Er ist fünf Jahre nach dem ersten Zusammenbruch in sein nächstes Burnout geschlittert.

Vor Rückfällen kann niemand sicher sein, genauso wenig wie vor einem Burnout an sich. Peter Meraner schämt sich nicht für seine Zusammenbrüche, ganz im Gegenteil, er macht seine Erkrankung sogar öffentlich und gibt Interviews. Bis heute ist er verwundert, was dann passiert: Er bekommt unzählige Anrufe von Geschäftspartnern, von Menschen in Führungspositionen, die ihm ihr Herz ausschütten. "Die haben alle gesagt, ihnen geht es ganz gleich, sie können nicht mehr, nur haben viele von ihnen gemeint, sie können das bei einem Glaserl Wein besprechen und dann ist das ganze Problem gelöst. So einfach funktioniert das natürlich nicht."

Peter Meraner sitzt viele Stunden beim Psychotherapeuten.

Der Ursprung seines Burnouts liegt wahrscheinlich in der Kindheit und in der bestimmenden Vaterfigur, heißt es. „Es gab nie ein Lob für mich, nicht einmal bei besten Leistungen, mein Vater wollte mich zu seinem Nachfolger in seiner Weinfirma erziehen und hat geglaubt, dazu braucht es in erster Linie Strenge", erinnert sich Peter Meraner. „Jeder verarbeitet so etwas anders, bei mir hat es sich so ausgewirkt, dass ich diesem Lob und dieser Anerkennung mein ganzes Leben lang nachgelaufen bin."

Nach dem zweiten Burnout folgt bei Peter unweigerlich die Berufsunfähigkeit. Er ist fünf Jahre früher als geplant in Pension. Das endgültige Ausscheiden aus dem Berufsleben empfindet er jetzt auch als Scheitern: „Es war schlimm für mich, ich konnte eine Zeitlang tatsächlich nicht mehr in den Spiegel schauen", erzählt Peter. Allerdings erkennt er auch, wie wichtig es für ihn ist, das Arbeitsleben hinter sich zu lassen, nicht mehr dem Lob nachlaufen zu müssen. Das alles ist jetzt endlich vorbei und regelrecht erlösend: „Ich muss meinem Vater nichts mehr beweisen, und schon gar nicht, dass ich ein guter Pensionist bin", meint Peter mit einem Lächeln.

Der ehemalige Manager muss allerdings erst wieder herausfinden, was ihm außerhalb der so fordernden Berufswelt noch Spaß machen könnte. Das Tor zum neuen Leben öffnet sich für Peter Meraner schließlich, als er sich an die handwerklichen Fähigkeiten seiner Kindheit erinnert, die damals niemanden interessiert haben. Er entdeckt wieder, wie viel Freude es ihm macht, mit den Händen etwas zu erschaffen. Wenn er hämmert, sägt und schnitzt, dann versinkt er in einer anderen Welt und ist rundum glücklich und zufrieden. „Weniger Geld habe ich heute schon als früher, ich kann mir das Halbe nicht mehr leisten, aber ich habe null Problem damit. Ich bin zufriedener und ausgeglichener, es ist gar kein Vergleich zu früher."

Dass das nicht jeder verstehen wird, ist Peter Meraner klar. In seiner früheren Welt, wo nur der Rechenstift gezählt hat, wird das für

Zeit für die Familie hatte Peter Meraner nur selten (**1**). Als begnadeter Witzeerzähler und Stimmungskanone lachte der Manager jahrelang seine Beschwerden weg (**2**), bis der große Zusammenbruch kam. Dass ihn die Ehefrau (**3**) und die Söhne (**4**) nicht im Stich gelassen haben, ist für Peter Meraner das größte Geschenk. In der Krise erinnerte sich Peter Meraner an seine handwerklichen Fähigkeiten (**5**), die ihm heute Kraft und Ruhe geben.

viele befremdlich sein: Der ehemalige Manager, der immer im Stress war, bastelt jetzt mit unendlicher Geduld irgendwelche Möbel. Gerade arbeitet er an einer alten Bank, der ein Bein fehlt. „Ob ich das wieder hinkriege, weiß ich noch nicht, aber ich versuche, die Bank zu retten, sonst käme sie auf den Müll, und das wäre doch schade."

Ein bisschen Tischlern, ein wenig Skilehrern: Das sind die neuen Betätigungsfelder von Peter Meraner. Er achtet aber sehr darauf, dass nicht mehr Perfektion, sondern Lockerheit sein Tun bestimmt. „Wenn mir früher jemand gesagt hat, man muss etwas ruhig angehen, dann schafft man etwas leichter und besser, habe ich mir gedacht, was das für ein Trottel ist", erinnert sich Peter. „Aber es ist wirklich so, je ruhiger und besonnener man etwas macht, desto weniger Fehler macht man."

Mit über 60 Jahren ist Peter Meraner nun an einem Punkt großer Dankbarkeit angelangt. Mit seinen beiden erwachsenen Söhnen hat er ein gutes, freundschaftliches Verhältnis. Und Ehefrau Inge ist bei ihm geblieben. „Ich bin mir sicher, Inge hat in der ganzen Zeit gleich viel gelitten wie ich, aber um sie hat sich niemand gekümmert, keiner hat sie gefragt, wie es ihr geht, weil ja mein Absturz so dominierend war." Heute unternehmen die beiden viel miteinander, wenn auch nicht mehr die ausgedehnten Abenteuerreisen früherer Zeiten. „Die können wir uns nicht mehr leisten", sagt Peter. Den Urlaub müssen sich die beiden jetzt übers Jahr zusammensparen, und es geht nicht mehr auf andere Kontinente, sondern in die Südsteiermark. Das Fahrrad hat heute einen Motor, denn Peter muss sich nichts mehr beweisen, und er ist davon überzeugt, dass er so am besten vor einem neuerlichen Zusammenbruch geschützt ist. „Den könnte ich vor mir und meiner Familie nicht mehr verantworten."

Was er jedem anderen in dieser Situation wünscht? Dass der Partner dableibt. „Ich kann nur jedem sagen: Seid geduldig, so ein Burnout geht vorbei, und dann wird das ganze Leben viel schöner", sagt Peter Meraner. Und wer könnte das besser beurteilen als er?

MARTINA HANDLE

JAHRGANG 1965

Sie war eine exzellente Fliegerin und Mitglied der österreichischen Nationalmannschaft, sogar an Weltmeister-
schaften hat sie teilgenommen. Viele Jahre bewegte
sich Martina Handle als Drachenfliegerin wie ein Vogel
im Wind und erlebte in den Lüften die schönsten Momente. Obwohl sie immer alles für die Sicherheit getan
hatte, stürzte sie eines Tages bei der Landung durch eine
unerwartete Windböe schwer ab. Seither ist die Ärztin
querschnittgelähmt und sitzt im Rollstuhl. Sie hat sich mit
unglaublicher Zähigkeit ins Leben zurückgekämpft.

Man kann sich nicht vorstellen, wie schön das Drachenfliegen ist. Ich war fanatisch, verrückt danach und habe es geliebt", kommt Martina Handle immer noch ins Schwärmen. Ihre schönsten Flüge erlebte sie in Italien. Einmal ist sie Aug in Auge mit zwei Adlern in den Lüften unterwegs – alle drei sind sie Könige der Lüfte, nur wenige Meter voneinander entfernt, fast eine halbe Stunde lang. „Und einmal hat mich der ganz spezielle Wind in Umbrien auf über 4000 Meter getragen, ich war über den Wolken,

„Wir haben uns fast
unverwundbar gefühlt"

und unter mir war ein runder Regenbogen in den Wolken zu sehen, so etwas Bewegendes erlebt man vielleicht nur einmal im Leben."

Martina Handle ist viele Jahre lang eine echte Abenteuer-Sportlerin: Drachenfliegen, Freeriden, Kitesurfen, Höhenbergsteigen bis auf den Chimborazo und den Mont Blanc – das ist ihr Leben. „Ich war immer die Coole, war bei vielen Abenteuern dabei und fühlte mich unverwundbar."

Und dann dieser eine fatale Flug, der ihr ganzes Leben verändern sollte: An diesem Tag im Mai 2016 kann Martina ihren Drachen nicht sicher zu Boden bringen. Der Wind dreht so schnell, dass sie nicht mehr rechtzeitig reagieren kann, und Martina knallt mit ihrem Flugdrachen regelrecht zu Boden. „Verdammt, jetzt sitze ich im Rollstuhl", sagt sie zu ihrem Mann, der herbeigerannt kommt und der ein ebenso begeisterter Drachenflieger ist wie Martina. Als Ärztin spürt sie noch am Boden liegend, dass sie eine Querschnittlähmung erlitten hat. „Im Rollstuhl will ich nicht weiterleben", ist ihr zweiter Satz, und der dritte: „Die rechte Hand ist kompliziert gebrochen, bitte schau, dass sie mir gut gerichtet wird, in spätestens einem Jahr will ich wieder in meiner Ordination arbeiten."

Wenig später liegt Martina Handle mit ihrem gebrochenen Rückgrat auf der Intensivstation, hört die Maschinen pumpen, die ihre schwer verletzte Lunge entlasten und ihr doch das Gefühl nicht nehmen können zu ersticken. Als Ärztin weiß sie ganz genau, das wird nicht mehr, das war es, ihr gewohntes Leben kommt nie mehr wieder zurück.

„Es war eine schreckliche Zeit. Wenn man so eine begeisterte Sportlerin ist wie ich und plötzlich nichts mehr kann, dann fühlt man sich unendlich wertlos", erinnert sich Martina Handle. Noch mehr plagen sie aber Schuldgefühle gegenüber ihrem Mann und ihren beiden Söhnen. „Dass ich sie so in mein Unglück mithineinreiße, war unerträglich", sagt Martina. Sie und ihr Mann haben immer alles für die Sicherheit getan, in jeder Sportart. Sie wollten nie ein erhöhtes Risiko eingehen, schon gar nicht, als auch ihre beiden Söhne mit dem Drachenfliegen begonnen haben. Jetzt stehen alle drei Männer vor ihrem Bett und kämpfen gegen die Tränen. „Ich habe mich unendlich schuldig gefühlt. Das ist erst besser geworden, nachdem wir das Unglück analysiert hatten, und herauskam, dass ich keinen Fehler gemacht habe. Ich hatte wirklich keine Chance, es war eine Verkettung unglücklicher Umstände."

Immer wieder wird Martina seither auf die Verantwortung angesprochen, die man als Mutter hat. Ob es nicht leichtsinnig sei, eine solche Gefahrensportart auszuüben. Aber diese Kritik lässt sie nicht gelten: Männer fragt man das auch nicht. Obwohl Martina im Nachhinein schon daran denkt, dass es ein ziemliches Glück ist, nicht früher verunglückt zu sein, damals, als die Kinder noch klein waren.

Aber in ihrem Drachenfliegerverein ist eigentlich nie etwas schiefgegangen. Den Gedanken an einen schweren Unfall schieben alle weit von sich. „Wir haben uns fast unverwundbar gefühlt, knapp zwanzig Jahre lang sind die Unfälle immer anderen passiert, aber nie uns." Aber dann gab es schlagartig mehrere schwerwiegende Zwischenfälle im eigenen Verein. Einer von Martinas besten Freunden verunglückt beim Drachenfliegen sogar tödlich. „Am Abend saß er noch bei uns, am nächsten Tag war er tot. Da haben mein Mann und ich dann schon überlegt, ob wir das Drachenfliegen lassen, aber dann hätten wir konsequenterweise alle anderen Sportarten auch beenden müssen, und das war für uns dann doch nicht vorstellbar."

Jetzt muss Martina das Unvorstellbare bewältigen – Normalität herstellen, wo nichts mehr selbstverständlich ist. Besonders wichtig ist für sie, dass ihre Ordination so wie bisher erhalten bleibt. Noch aus der Intensivstation heraus schreibt Martina Handle deshalb an all ihre 5000 Patienten einen Brief: „Ich habe mir das Kreuz gebrochen, aber ich komme zurück, bleibt mir treu, ich bin nicht auf den Kopf gefallen. Wenn ich zurückkehre, kehre ich im Rollstuhl zurück." Die vielen Briefe, die tröstenden Worte, die kleinen Geschenke – all das hilft ihr immens, der Ärztin, die jetzt selbst zur Patientin geworden ist.

Martina verspricht ihren Söhnen, eine „coole Rollstuhlfahrerin" zu werden, auch wenn sie das am Anfang selbst noch nicht so richtig glauben kann. Die Reha ist hart, Martina muss sich in Geduld üben, viele Fähigkeiten kommen nicht so schnell, wie sie sich das vorstellt. „Ich habe mir immer gedacht, ich habe so einen Biss, das lerne ich alles schnell, bis ich immer und immer wieder gescheitert bin, und dabei habe ich viele Tränen vergossen", erzählt Martina. Aber sie kämpft weiter, auch für ihre Buben. Der erste große Erfolg? Als sie sich wieder selber die Hose anziehen kann. Das dauert anfangs noch mehr als eine halbe Stunde, aber es ist ein wichtiger Schritt in Richtung Selbständigkeit.

Wirklich aufwärts geht es dann, als sie ihren Körper selbst vom Bett in den Rollstuhl bewegen kann. „Diese Transfers sind ein Meilenstein, wenn du es dann wieder in die Dusche schaffst, dich selber versorgen kannst, da hast du wirklich viel geschafft", sagt Martina.

Von der „coolen Mama" ist sie für ihren Geschmack aber noch weit entfernt. Die wird erweckt, als Martina Handle das erste Mal in ein Handbike gesetzt wird. Einige haben da wohl erkannt, dass Martina immer noch durch sportliche Herausforderungen angespornt werden kann. Aus der Proberunde wird eine kleine Weltreise von über vier Stunden, auf vielen Kilometern reiht sich eine Herausforderung an die nächste. Martina kämpft wie eine Wilde gegen das Gefühl der Hilflosigkeit und der Ohnmacht, und am Ende ist sie glücklich und weiß: Das Leben hat auch im Rollstuhl noch einiges mit ihr vor.

Der Wiedereinstieg in ihr berufliches Leben fällt Martina vergleichsweise leicht. Schon nach acht Monaten empfängt sie wieder ihre Patienten. „In der Ordination ist alles besser, da bin ich einfach die kompetente Ärztin", sagt Martina, „du willst nicht als Rollstuhlfahrerin wahrgenommen werden, sondern als Ärztin, als Sportlerin, als Frau, als die, die du bist. Und du magst auch nicht immer über den Rollstuhl reden, weil er bei vielem, das du tust, einfach unerheblich ist."

Als sich alles wieder einigermaßen eingependelt hat, erfährt Martina einen herben Rückschlag, der ihr fast noch mehr zusetzt als damals die Erkenntnis, dass sie nie wieder wird gehen können. Nach einer Tour mit dem Handbike entzündet sie am Abend im Garten eine Ethanol-Lampe. Dabei fällt die Lampe um und direkt auf Martina im Rollstuhl. Sie erleidet schwere Verbrennungen am ganzen Körper. „Wenn man selber brennt, das ist das Wildeste, das war meine größte Krise überhaupt. Meine ganze psychische Stabilität war weg, meine

Seele verwundet, ich hatte immer wieder 40 Grad Fieber, war insgesamt in einem schlechten Allgemeinzustand und hatte Angst vor noch mehr Einschränkungen."

Einmal mehr findet ihr Mann, der auch Arzt ist, einen Weg aus der Krise: Mit den Söhnen gemeinsam packt er seine Frau ins Wohnmobil und bringt sie nach Italien. „Die Verbandswechsel können sie dort auch machen, haben die drei gesagt, und umdrehen können wir auch immer", erinnert sich Martina an diese Aktion, die so wichtig war für das Wiedererwachen ihrer Lebensgeister.

„Da war ich wirklich am Ende. Aber man darf einfach nicht aufhören zu kämpfen. Man muss den Entschluss ganz bewusst fassen, ganz klar Ja zum Leben sagen und glücklich sein wollen. Das Schlimmste ist dieses halbherzige Dahinleben. Damit tut man seiner Umgebung viel zu viel an, und sich selbst natürlich auch."

Wenn Martina ihre Tiefpunkte hat, kann sie sich darauf verlassen, dass ihr Mann das erkennt. „Er ist schon auch mal streng mit mir. Er lässt mich nicht herumjammern und verlangt, dass ich mich zusammenreiße. Er tut so viel für mich, er darf das dann auch", sagt Martina in Dankbarkeit. „Selbstmitleid bringt einen nicht weiter und so holt er mich schnell aus meinem Tief heraus. Was er alles für mich tut, kann ich ihm nie im Leben zurückgeben." Doch auch da rückt ihr Mann offenbar die Dinge zurecht und versucht ihr das Gefühl zu geben, ein gleichwertiger Partner zu sein.

Martina meint es trotz allem ernst mit ihrem Leben im Rollstuhl und hat in diesen Jahren vieles gelernt. Sie ist inzwischen wieder eine begeisterte Sportlerin, fährt mit dem Auto selbst zum Langlaufen und scheut sich nicht davor, auch einmal Fremde zu fragen, ob sie ihr in den Spezialschlitten für querschnittgelähmte Langläufer helfen können.

Langlaufen auf diese Art oder das Fahren mit dem Handbike – wirkliche Abenteuersportarten sind das keine mehr, aber Herausforderungen gibt es auch auf sehr sicherem Terrain. Das hat Martina inzwischen erkannt, ganz besonders dann, wenn es darum geht, unbekannte Ängste zu überwinden. „An seine Grenzen zu gehen, lohnt sich immer", sagt Martina und erinnert sich an die Ängste, die sie plötzlich verspürte, als sie mit dem Monoski über eine harmlose Piste fahren sollte. „Ich bin die steilsten Rinnen gefahren, die abenteuerlichsten Abfahrten, und hier hatte ich plötzlich Angst, mit diesem Monoski zu stürzen." Doch Martina bewältigt die Angst und hat ein wahres Hochgefühl, als sie wieder Schwünge im Schnee ziehen kann, sich hineinfallen lässt in die Kurven, die Geschwindigkeit spürt und den kalten Wind im Gesicht. Ein bisschen was hat das ja auch von Freiheit und Abenteuer.

„Früher war ich fast immer glücklich, und das bin ich auch heute noch. Ich verzage nur dann, wenn ich an meine Grenzen stoße. Ja, es gibt es schon, das Glück im Rollstuhl, auch wenn ich es nie für möglich gehalten hätte", sagt Martina Handle.

Sie war eine begnadete Sportlerin, die das Abenteuer suchte (**1**/**2**), und fühlte sich mit ihrem Mann
unverwundbar (**3**). Martina Handle und ihre drei
Männer kurz vor dem folgenschweren Unfall (**4**).
Ihre Lebensfreude und ihre Liebe zum Sport (**5**/**6**)
konnte die Ärztin mithilfe ihrer Familie bald wieder-
finden.

Einen Arm weniger –
und ein Leben mehr

MARIA HOFMANN

JAHRGANG 1992

> Es war ihr größter Wunsch, ihr Herzenswunsch: Maria Hofmann wollte unbedingt, dass ihr linker Arm amputiert wird. Nach einem Unfall und jahrelangen unerträglichen Schmerzen war die bis dorthin kerngesunde junge Frau am Ende ihrer Kräfte. Fast hatte sie die Hoffnung auf eine Amputation schon aufgegeben – da fand sie endlich einen Arzt, der ihren Wunsch Wirklichkeit werden ließ. Er nahm Maria den Arm ab und schenkte ihr damit ein neues Leben.

Die Leidensgeschichte von Maria Hofmann beginnt mit einem harmlosen Sturz, als sie vom Pferd steigt. Doch sie zieht sich dabei einen komplizierten Trümmerbruch im Oberarm zu, der sofort operiert und mit Platten verschraubt werden muss. Ein schmerzhafter Unfall, nicht mehr, der Heilungsprozess sollte kein allzu großes Problem sein. Bei Maria aber verläuft rein gar nichts normal. Nach der Operation kommt es zu Komplikationen, die Wunde entzündet sich immer wieder und eitert. Sie wird fachgerecht gereinigt, steril verbunden, kontrolliert. Doch dann geschieht das Unfassbare: Die Haut platzt auf und die verschraubte Platte bricht durch die Haut. „Es war ein Wahnsinn, kein Mensch kann sich die Schmerzen und den Gestank vorstellen", erinnert sich Maria. Als ob das nicht mehr als genug wäre, fängt die junge Patientin auch noch einen multiresistenten Krankenhauskeim auf, der eine Entzündung des Knochenmarks mit sich bringt und ihr das Leben zur Hölle macht.

Ein verzweifelter Kampf um den Erhalt des linken Armes von Maria Hofmann beginnt. Die junge, schmerzgeplagte Frau wird von einem Spezialisten an den nächsten weitergereicht. Quer durch Österreich, in die Schweiz, nach Deutschland:

Jeder einzelne Facharzt ist sich sicher, dass er Maria helfen kann – und erklärt dann, wenn seine Methode nicht zum Erfolg geführt hat, jetzt wisse er auch nicht mehr weiter. „Das Schlimmste für mich war immer wieder dieses Wechselspiel von Hoffnung und Enttäuschung, jedes Mal ist für mich eine Welt zusammengebrochen, wenn der Arm wieder heiß wurde und gepocht hat und ich schon gefühlt habe, es war wieder alles umsonst."

Maria fühlt sich immer mehr als Versuchskaninchen. Nach zwölf schwersten Operationen, bei denen auch immer wieder ein verletzter Nerv freigelegt und neu ins Gewebe eingebettet wird, hat sie keine Kraft mehr. Sie leidet an massiven Schlafstörungen und hat unerträgliche Dauerschmerzen, gegen die auch die stärksten Medikamente nicht mehr helfen. Mittlerweile sind auch mehrere Organe durch die dauernden Medikamentengaben geschädigt.

Und Maria, früher ein blühender junger Mensch, ist mittlerweile ein Schatten ihrer selbst. Sie wiegt nur mehr 40 Kilogramm: „Ich war so verzweifelt, den Arm hab ich ja schon gar nicht mehr gespürt außer in den Schmerzen, er hing wie ein Zementsack an meinem Körper und hat mich nur mehr behindert, aber immer, wenn ich gebettelt habe, sie mögen ihn mir endlich wegschneiden, weil ich sonst draufgehe, gab es ein klares Nein."

Stattdessen sollte die junge Frau, schon am Nullpunkt angelangt, fast noch einmal so viele Operationen über sich ergehen lassen, weil damit – wieder einmal „ganz sicher" – alles gut würde. Aber woher die Kraft nehmen? Diese Frage stellt sich Maria immer öfter und sie fühlt sich komplett alleingelassen vom Gesundheitssystem. Niemand fühlt sich für sie über die einzelne Operation hinaus verantwortlich. Und jeder sieht den Erhalt des Armes als das höchste medizinische Ziel, auch wenn Maria und ihre Familie dessen Sinnhaftigkeit längst massiv anzweifeln. Die junge Frau schaltet schließlich sogar eine deutsche Agentur ein, die einen Arzt auftreiben soll, der ihr den Arm amputiert. Auch das ein einziger Misserfolg.

In ihrer Verzweiflung bittet Maria Hofmann sogar ihren Vater um Hilfe: „Eines Abends hab ich meinen Papa angefleht, bind mir den Arm ab und halt ihn in die Kreissäge, schneid ihn ab, ich halte das alles nicht mehr aus!" Der Vater behält kühlen Kopf, der Blutverlust könnte tödlich sein, sagt er, man müsse eine bessere Lösung finden.

Rund 75.000 Euro haben die Eltern insgesamt an Privathonoraren für Ärzte und Therapeuten gezahlt, und ein Ende ist für Maria genauso wenig in Sicht wie eine Heilung.

„Dass ich die Familie so mit meinem Leid belasten musste, war für mich immer besonders schwer. Meine Eltern haben das ja alles mitbekommen, meine Schmerzen, meine Schlaflosigkeit, den Verfall, oft hatte ich das Gefühl, jetzt muss ich sie aufmuntern, damit sie nicht mit mir zugrunde gehen", erinnert sich Maria Hofmann. Trost findet die Familie auch im Glauben. In der dörflichen Gemeinschaft ist der wöchentliche Kirchgang üblich, und auch der Pfarrer macht extra Hausbesuche und kümmert sich um die Familie und um Maria. „Das war schön", sagt Maria, „die Gespräche und seine Krankensegnungen haben mir Kraft gegeben und sehr gutgetan."

In dieser Zeit lernt Maria auch den Wert der Natur immens schätzen, den Wald, seinen Duft, die Geräusche des Windes in den Bäumen. „Wenn ich komplett am Ende war, hat mich ein Spaziergang im Wald oder am See wieder halbwegs aufgerichtet, irgendwie musste es ja weitergehen", auch wenn die Ratlosigkeit und die Verzweiflung immer größer werden.

Die Erlösung kommt für Maria durch einen puren Zufall. „Ein Innsbrucker Klinikarzt hat in meiner Heimatgemeinde Urlaub gemacht, da wurde ihm meine Geschichte erzählt", erinnert sich Maria. „Und er hat gesagt, ich darf zu ihm kommen, er schaut sich das alles noch einmal an."

Der Arzt vereint in sich alles, was Maria an den vielen Doktoren und Professoren vermisst hat, in deren Händen sie sich wie eine Nummer gefühlt hat: „Er ist so menschlich, er hat mir zugehört, auch wie es mir privat geht, dabei sind wir draufgekommen, dass wir beide Islandpferde lieben, er hat mich als ganzen Menschen gesehen, und dann hat er gesagt: Maria, wir probieren es miteinander." Maria ist glücklich und erleichtert, obwohl sie weiß, dass ihr nochmals eine harte Zeit bevorsteht. Allerdings gibt es mit Sicherheit ein Ende – entweder wird der Arm gesund, oder der Arzt amputiert ihn, das verspricht er Maria. Vorerst heißt es für Maria, dass sie alle Prozeduren noch einmal über sich ergehen lassen muss. Der Arzt will selbst alles versucht haben, um den Arm zu retten, denn die Ausschöpfung aller medizinischen Möglichkeiten ist Voraussetzung für eine ethisch einwandfreie Vorgehensweise. Maria willigt ein und nimmt noch einmal alle Kraft zusammen, die sie aufbieten kann.

Es ist ein besonderes Glück, dass Maria ausgerechnet in dieser schweren Zeit, in der es endgültig um alles gehen wird, ihre Jugendliebe Manuel wiedertrifft. Mitten in der ärgsten Krise heiraten die beiden standesamtlich. Für Maria bedeutet das, dass sie den Weg, der vor ihr liegt, nicht alleine gehen muss. Und sie wird jede Unterstützung brauchen.

Denn die nächsten Jahre sind noch einmal geprägt von verschiedenen Behandlungen, Antibiotikakuren, Schmerztherapien mit Morphium. Zuletzt gibt es den Vorschlag, dass man eine Rückenmark-Schmerzpumpe einsetzt, doch da winkt Maria endgültig ab: „Das lasse ich nicht mehr machen, denn mein Rückenmark ist gut, meine Beine sind gut, meine Füße sind gut, und es besteht sogar die Gefahr einer Querschnittlähmung, da hab ich mich dann wirklich gewehrt", erzählt Maria. Der Arzt steht hinter ihr und akzeptiert ihre Entscheidung. „Wenn ich das nach acht Jahren nicht mehr probieren will, dann versteht er das, hat er gesagt, und das war für mich ein großer Vertrauensbeweis, weil er meine Meinung wahrnimmt."

Das Nein zur Schmerzpumpe ist gleichzeitig das endgültige Nein zum Arm: Die Amputation steht damit unmittelbar bevor. Maria ist 27 Jahre alt und wird bald einen Arm weniger haben. Wie fühlt man sich, unmittelbar vor einem so folgenschweren Einschnitt im Leben, vor dem Verlust eines so wichtigen Körperteils, der alles im Leben verändern wird? „Ich habe mich großartig gefühlt, schon der Gedanke daran war für mich wie eine Erlösung. Als ich in den Operationssaal hineingeschoben wurde, dachte ich nur mehr, wenn ich wach bin, hab ich wieder ein Leben, und so war es dann auch, Gott sei Dank."

Als die Operation vorbei ist und Maria die Augen wieder aufschlägt, ist ihr Mann Manuel bei ihr. Für ihn ist der Anblick gewöhnungsbedürftiger als für Maria. Sie sagt zu seiner Verblüffung: „Schatz, gehen wir raus und gehen wir eine Runde durch die Klinik. Da war die Operation zweieinhalb Stunden vorbei, und ich war ohne Schmerzen, zum ersten Mal wieder mit Hunger, voller Energie, und ich habe einfach gemerkt, der Arzt hat mir ein neues Leben geschenkt, er ist wirklich mein Engel."

Maria hat einen Arm weniger – und ein Leben mehr. Die junge Frau erholt sich rasch von den acht leidvollen Jahren, kann die Medikamente absetzen und endlich an die Verwirklichung ihrer Träume gehen. Mit ihrem Mann wird die kirchliche Hochzeit gefeiert, mit nur mehr einem Arm und einem Brautkleid, das nichts versteckt. Es ist Maria wichtig, so vor den Altar zu treten, wie sie ihr ganzes weiteres Leben aussehen wird.

Und offen will Maria auch nach außen mit ihrem neuen Körper umgehen: „Ich habe mich von Anfang an so gezeigt, wie ich bin. Also auch im ärmellosen T-Shirt oder im Badeanzug. Das hilft vielen, mit dem umzugehen, was sie da sehen, und sie fragen dann auch, was mir passiert ist oder ob man mit einem Arm überhaupt schwimmen kann." Wenn man sich selber versteckt, geht man in der Gesellschaft unter, sagt Maria Hofmann, das solle wegen eines Handicaps niemandem passieren.

Maria Hofmann hat sich als wieder gesunder Mensch mit nur mehr einem Arm auf dem Bauernhof der Familie gut eingelebt. Ihre Liebe zu den Pferden ist trotz des dramatischen Zwischenfalls geblieben. Sie reitet wieder, zwar vorsichtig, aber doch. Und sie kann viele Arbeiten am Hof verrichten, die Pferde alleine versorgen, sogar den Stall ausmisten. Marias rechte Hand ist inzwischen sehr stark geworden, sie trägt zwei Heuballen, also 40 Kilogramm, alleine mit der einen Hand zu den Pferden.

Darüber hinaus wird sie von einer persönlichen Assistentin unterstützt und von ihrem Mann. Manuel ist dabei, nach seiner Zeit auf Montage zum Bauern umzusatteln, und beide gemeinsam haben mit anderen Landwirten eine Direktvermarktung mit Lieferservice aufgebaut. Mehrmals die Woche backen die beiden um fünf Uhr früh gemeinsam Bauernbrot für die Kundschaft, Maria fertigt liebevolle Köstlichkeiten wie Löwenzahnhonig oder Gänseblümchensirup, ganz so, als hätte es ihren so dramatischen Überlebenskampf nie gegeben. Nach den vielen Jahren der Kraftlosigkeit sprüht sie wieder voller Ideen und amüsiert sich, wenn ihr Mann fragt, wo man denn bei ihr den Knopf abstellen kann. Denn Pläne hat Maria mehr als genug.

„Krisen sind auch dazu gut, dass man sich überlegt, was einem wichtig ist im Leben, und ich wollte danach etwas wirklich Sinnstiftendes tun. Ein Bürojob war nichts mehr für mich, ich bin stattdessen meinem alten Traum wieder gefolgt, mit Kindern zu arbeiten." Noch in der Zeit der Krankheit macht Maria die Ausbildung zur Kinderkrippenpädagogin und dann ein Studium zur tiergestützten Arbeit. Den elterlichen Hof will sie gemeinsam mit ihrem Mann Manuel weiterführen und findet einen Weg, wie das auch wirschaftlich gut funktionieren kann: In Zusammenarbeit mit der Landwirtschaftskammer wird der ganze Bauernhof in einen „Green Care Auszeithof" umstrukturiert, auf dem die Landwirtschaft mit speziellen Dienstleistungen im sozialen Bereich kombiniert wird. Die Reittherapie für Kinder wird schon sehr gut angenommen. Familie Hofmann bietet in diesem Rahmen ihren mitten in der Natur gelegenen Hochhauser Hof auch als „Ruhehof" für jüngere und ältere Menschen mit oder ohne Handicap, körperliche oder seelische Belastungen an.

Hier soll sich ein Kreis schließen – auf diesem Bauernhof, der Maria Hofmann selbst in ihrer schwersten Zeit so viel Kraft gegeben hat. Ihr persönliches Drama hat sie überlebt, auch wenn sie die Amputation ihres Armes nach wie vor als Verlust erlebt, besonders als Verlust an Lebensqualität. Nie wird sie vergessen, dass sie diesen Arm gegen ihr ganzes Leben eingetauscht hat. Am Tag der Amputation feiert Maria Hofmann seither jedes Jahr aus voller Überzeugung ihren zweiten Geburtstag.

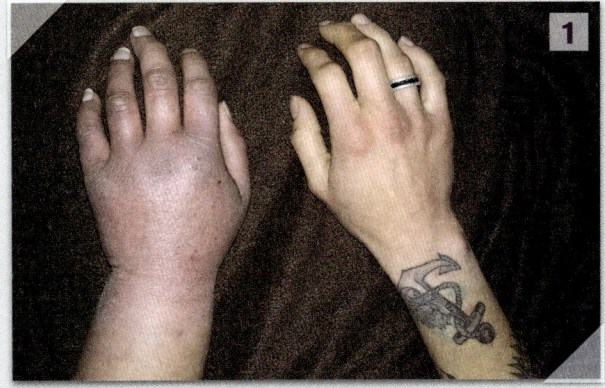

Nach vielen Jahren des Leidens und ohne Aussicht auf Heilung (**1**) bettelte Maria Hofmann schließlich darum, dass man ihr den linken Arm amputiert (**2/3**). Kurz nach der Amputation feierte Maria die kirchliche Hochzeit (**4**).

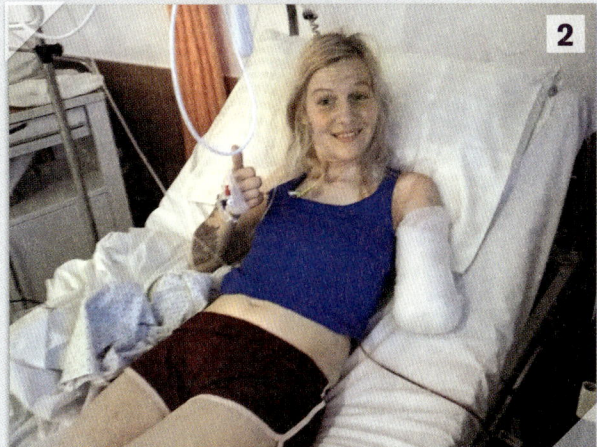

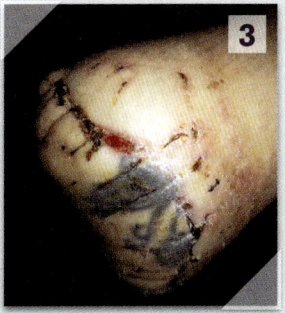

„Aufgeben
   gibt's nicht"

WALTER WANNER

JAHRGANG 1954

Er war eine große Nachwuchshoffnung im Skirennsport, der 12-jährige Philipp Wanner. Doch dann stürzte er bei einem Skitraining tragisch. So schwer, dass ihm die Ärzte keine Überlebenschancen gaben. Der Vater wollte sich damit aber nicht abfinden und unternahm alles, um den geliebten Sohn in die Welt zurückzuholen. Walter Wanner, ein international bekannter Sporttherapeut und Masseur, begann noch auf der Intensivstation mit der Behandlung seines Sohnes. Die Hände des Vaters brachten Philipp aus dem Koma wieder zurück ins Leben.

Kommen Sie herein, darf ich Ihnen gleich einen Kaffee machen?" – So freundlich wird man im Hause Wanner von einem lächelnden jungen Mann empfangen. Es ist kaum zu glauben, dass das jetzt Philipp ist. Philipp, den die Ärzte schon aufgegeben hatten. Die Eltern Elfi und Walter Wanner strahlen neben ihrem 21-jährigen Sohn über dieses große Wunder.

Philipp ist zwölf Jahre alt, als das Unglück passiert: Bei einem Skitraining gerät er über den ungesicherten Pistenrand hinaus und prallt mit voller Wucht gegen einen Baum. Er hat ein lebensbedrohliches

Schädel-Hirn-Trauma, aussichtlos, sagen die Ärzte nach der 14-stündigen Operation. „Man fällt in so ein Loch, man ist völlig leer, man sieht hunderttausend Schläuche, und wenn man ihn angreift mit den eigenen energetischen Händen, dann spürt man, es ist nichts mehr da in dem Buben", schildert der Vater die schwärzesten Stunden seines Lebens.

„Tot wäre ich gewesen, tot", sagt Philipp in schönem Deutsch, während er seinen Erdbeerkuchen isst. Nur selten muss ihm seine Mama dabei helfen. Er ist ein fröhlicher Bursche, dem die Folgen des Unfalls noch anzusehen sind und der auch immer ein sogenannter Pflegefall bleiben wird, aber Philipp kann wieder so vieles, was damals niemand für möglich gehalten hätte.

Damals. Da liegt Philipp regungslos im Tiefschlaf. Jederzeit kann es zu Ende sein, sagen die Ärzte. Sein Vater will nicht nur dastehen und zuschauen. Er versucht, Philipp über spezielle Massagen Energie zu geben. Ausnahmsweise wird ihm das erlaubt, weil Walter Wanner ein begnadeter Masseur ist und weil es ohnedies nicht mehr schlimmer werden kann. „Ich habe Philipp lange berührt, stimuliert, habe ihm Lymphdrainagen gemacht. Und vor allem habe ich ihm ganz viel Wärme und Liebe gegeben, denn nur dann können sich auch die Nervenzellen wohlfühlen und das Gehirn kann sich regenerieren." Walter Wanner sollte recht behalten: Die Apparate zeigen nach langer Zuwendung plötzlich ein ganz leichtes Ansteigen der Gehirnströme. „Ein Arzt ist gekommen und hat gesagt: Machen Sie weiter so!", erinnert sich Walter Wanner, „und dann habe ich angefangen zu machen, was ich für richtig gehalten habe."

Walter Wanner massiert und bewegt seinen reglosen Sohn. Er schleppt dann sogar ein elektrisches Handrad in die Intensivstation, baut es aufs Bett hinauf und bewegt seinen Sohn, der im Koma liegt, Tag für Tag, viele Stunden. Walter hat seinen Beruf längst an den Nagel gehängt, damit das möglich ist. Die schwedische Ski-Nationalmannschaft muss ohne ihren Konditionstrainer auskommen und viele Hochleistungssportler vermissen Walters Mentaltraining – aber jetzt geht es nur mehr um Philipp.

Seit seiner Verlegung in ein Krankenhaus für Komapatienten dürfen die Eltern abwechselnd die Nacht bei Philipp verbringen. Sie sind 24 Stunden bei ihm, wie ferngesteuert, nichts anderes zählt mehr. Und irgendwann im fünften Monat nach dem Unfall hört Elfi Wanner ihren Sohn ein erstes Mal ein „Mama" stöhnen – das ist für die Eltern das schönste Erlebnis, an das sie unendlich viel Hoffnung knüpfen: Ein erstes zartes Lebenszeichen von ihrem Philipp.

Walter Wanner widmet seine volle Energie, sein ganzes Wissen und Können, von dem schon so viele Spitzensportler profitiert haben, nur mehr seinem Sohn. „Ich habe immer wieder nächtelang im Internet recherchiert, durch welche Übungen man jede Hirnregion stimulieren kann. Ich habe gehofft, dass Philipp dann möglichst viel wieder lernen kann", erzählt Walter Wanner, der auch die Leistungen der Therapeuten als übermenschlich bezeichnet. Sie tun alles, was in ihrer Macht steht, für Philipp.

So kämpfen alle für den Buben, der durch die verschiedenen Therapien immer mehr Leben zurückgewinnt. Die professionellen Therapiegeräte für Komapatienten im Krankenhaus, die speziell auf Philipp zugeschnittenen Übungsgeräte von Walter Wanner, der weiß, was sein Sohn immer geliebt hat. „Der Papa hat für mich sogar ein Tretauto umgebaut, mit dem durfte ich dann vor dem Krankenhaus am Parkplatz herumfahren", erzählt Philipp heute ganz begeistert, und seine Mutter drückt ihm dabei mit der Hand auf die Brust. Wenn Philipp aufgeregt ist, geht es mit dem Sprechen immer noch nicht so gut. Nach einem kleinen Aussetzer schaut er starr ins Leere. „Tief atmen", sagt die Mama, und der Papa erklärt: „Das war jetzt ein kleiner epileptischer Anfall, aber das ist harmlos im Vergleich zu früher".

Philipp hat unglaubliches Glück, dass seine Eltern sich das Leben so einrichten können, dass sie 24 Stunden für ihn da sein können. Mit Massagestunden und Zimmervermietung kommen sie über die Runden. „Aber ich verstehe jeden, der das nicht schafft, der sein Kind nicht zu Hause betreuen kann, das zehrt schon unglaublich an den Kräften und man muss wirklich sehr stark sein." Walter Wanner hat das gelernt. „Aufgeben gibt's nicht" ist seit jeher sein Spruch, den er nicht nur selbst gelebt hat, sondern auch anderen abverlangt:

Er war Trainer der österreichischen Karate-Nationalmannschaft und ist selbst ein Meister dieses Sports. Aus der asiatischen Kampfsportart hat er das sogenannte mentalmotorische Koordinationstraining entwickelt, von dem gerade im alpinen Skisport, aber auch bei den Skispringern viele profitiert haben.

Jetzt ist es Philipp, dem das Wissen des Vaters nützt. Er muss täglich vier bis sechs Stunden trainieren, so wie andere einer Arbeit nachgehen. Beweglichkeit, Kraft, Koordination, Feinmotorik – Walter Wanner fallen immer neue Übungen ein, um seinen Sohn bei Laune zu halten und zu begeistern. Ein besonders großes Defizit hat Philipp bei den Augen. Zu Hause wird deshalb täglich eine Stunde Karten gespielt, denn da müssen die Augen einen Punkt fixieren und fokussieren.

Das macht Philipp viel Spaß, aber was von diesen ganzen Übungen mag er am liebsten? „Das Tandemfahrrad mag ich sehr. Und das klingt jetzt brutal, ist es aber nicht: Das Schießen mit der Luftdruckpistole, das ist mir das Allerliebste", erzählt Philipp. Und es ist das beste Augentraining, das sich der Papa vorstellen kann.

Für vieles war und ist auch die Mama zuständig. Sie hat Philipp zum positiven Hauptschulabschluss geführt, und sie achtet darauf, dass er sein musikalisches Training richtig ausführt. Philipp übt mit dem Horn einfache Melodien, damit sich die Lippenspannung bessert – auch eine Idee von Papa.

Philipp gilt – wenig verwunderlich – als Vorzeige-Patient des Krankenhauses für Komapatienten. Sein Vater wird immer wieder eingeladen, seine Erfahrungen an Ärzte weiterzugeben: „Das Glück war immer auf unserer Seite" ist das bescheidene Motto seiner Vorträge. Bilder vom Unfall, vom Koma, von den Narben am Kopf, von den unzähligen Therapien begleiten die Vorträge. Die Bilder machen betroffen und sprachlos, weil man sieht, was alles möglich ist, wenn vom ersten Moment an eine übermenschliche Zuwendung gepaart mit unglaublichem Fachwissen einsetzt. Und zugleich weiß man, dass das Gesundheitssystem allein das nie leisten könnte.

Philipp ist heute so weit, dass er trotz der noch vorhandenen halbseitigen Lähmung längere Strecken gehen kann. Mit einem Stock und in Begleitung hat er sogar den Berg erklommen, an dem am

5. Jänner 2011 das Unglück passiert ist. „Wenn ich da jetzt hinunterspringe, bin ich dann wieder gesund?", fragt er seine Mama, und man kann nur erahnen, wie sie sich in diesem Moment fühlt. „Ich kann die Bilder von damals immer noch kaum anschauen", sagt Elfi Wanner. „Und ich denke mir oft, wie unzufrieden viele Menschen sind, die es viel leichter haben als wir. Und wir sind so zufrieden und glücklich!"

Wovor hat man noch Angst, wenn man so viel Unglück erlebt hat, wenn man das alles überlebt hat, auch als Familie? Walter Wanner zögert nicht lange: „Angst habe ich nur davor, was einmal mit Philipp sein wird, wenn wir nicht mehr sind, und auch deshalb kämpfen wir so um seine größtmögliche Selbständigkeit. Es wäre unser größter Erfolg, wenn Philipp einmal alleine ins Dorf gehen könnte, um eine Besorgung zu machen."

Philipp selber träumt da schon von mehr Abenteuer: Er will irgendwann wieder auf Skiern stehen können und die Kitzbüheler Streif „hinunterfetzen". Denn das Skifahren ist und bleibt sein Leben. Als er vor nicht allzu langer Zeit auf Marcel Hirscher trifft, fragt er ihn: „Marcel, weißt du, warum ich meinen Skiunfall hatte?" – „Nein", sagt Marcel Hirscher. – „Ist doch klar: Damit du einmal der weltbeste Skifahrer werden kannst." Keine Frage, dass Marcel Hirscher da herzlich lachen musste. Und Philipp natürlich auch, denn dass er so erfolgreich geworden wäre wie sein Idol, das ist dann doch nicht ganz so klar. Obwohl: an Kampfgeist mangelt es Philipp bis heute nicht, trotz so vieler widriger Umstände. Und damals im Jänner 2011 hätte er es wirklich allen zeigen können, was er draufhat, bei seinem ersten Rennen im Landeskader, bei dem er auf Platz 1 gesetzt war. Einen Tag vor diesem großen Rennen geschah das Unglück, das die Welt von Philipp und seiner ganzen Familie verändert hat.

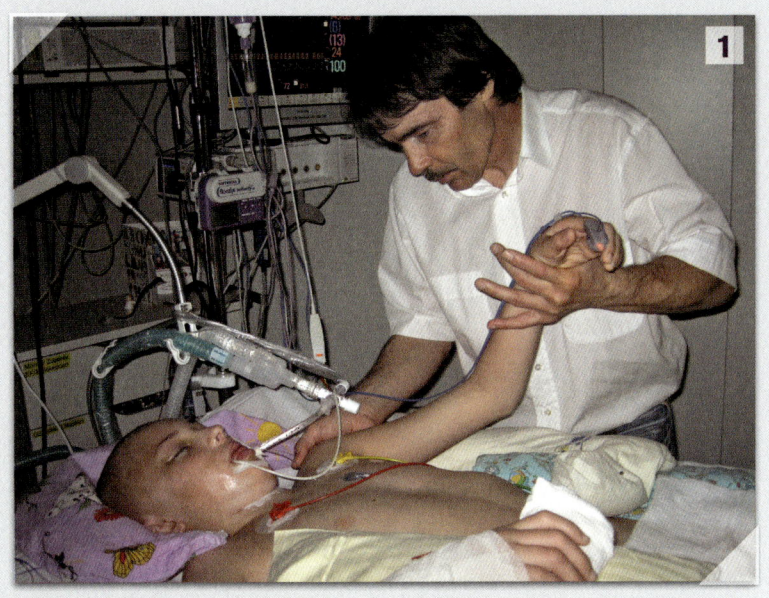

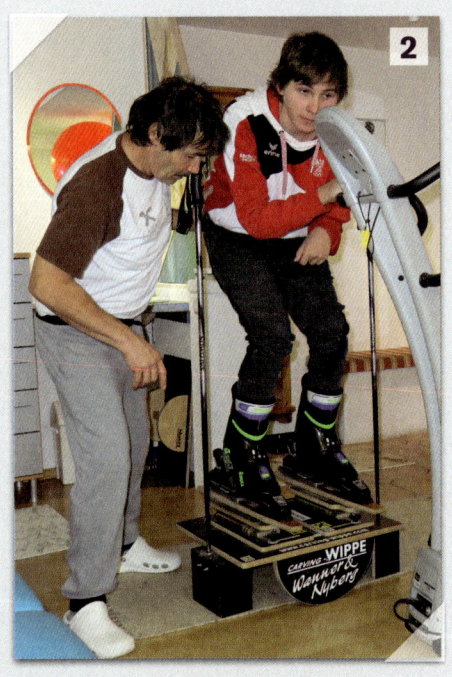

Die Ärzte gaben Philipp nach dem schweren Sturz keine Überlebenschancen (**1**), aber Walter und Elfi Wanner brachten ihren Sohn mit vielen therapeutischen Kunstgriffen wieder zurück ins Leben (**2**/**3**). Philipp schaffte sogar die Wanderung bis zur Unglücksstelle (**4**) und konnte mit seinem Idol Marcel Hirscher scherzen (**5**).

„Wenn man wieder gesund ist,
braucht man nicht mehr
so viel im Leben"

MATHIAS RAUCH

JAHRGANG 1976

Er war europaweit als begnadeter Tuba-Spieler bekannt und geschätzt. Mathias Rauch und sein Blechblasinstrument – eine geniale Verbindung. Dann traf ihn eine Krankheit an seiner empfindlichsten Stelle: Ein Tumor zerfraß ausgerechnet seinen Kieferknochen und damit zugleich seine Existenz. Heute betrachtet er die schwerste Phase seines Lebens zugleich als Auftakt in eine neue Zeit. Denn die Krankheit hat viel in seinem Inneren verändert und in eine positive Richtung gelenkt. Mitten in seiner schwersten Zeit komponierte Mathias Rauch seine erfolgreichste Musik: die „Lieder für die Seele", die „Pöhamer Musikantenmesse" und mit der „Böhmischen Liebe" auch noch einen internationalen Hit der Blasmusik.

M usik braucht keine Worte." Kurz und knapp ist der Lieblingssatz von Mathias Rauch, und er sagt viel über den Menschen und Musiker aus. Denn Mathias Rauch ist kein Mann großer Worte. Er liebt es nicht, über sich selbst zu sprechen, und lebt lieber ruhig und zurückgezogen, auch wenn viele seiner Kompositionen wahre Stimmungsmacher sind und so manches Bierzelt zum Brodeln bringen. Sein international hoch dekoriertes Stück „Tubawahnsinn" ist eine regelrechte Orgie für das Instrument, das ihm so viel im Leben bedeutet. „Die Leute meinen, jetzt wo ich wirklich Erfolg habe, wohne ich in einem Penthouse und habe eine Villa auf Gran Canaria", amüsiert sich Mathias Rauch, „dabei lebe ich heute ganz bescheiden. Früher hat mir dieses Gerede über mich sehr zugesetzt, doch die Krankheit hat mich stärker gemacht und geerdet."

Mathias Rauch ist gerade 30 Jahre alt und an einem Höhepunkt seiner Bilderbuchkarriere angelangt. Er hat schon hunderte Musikstücke komponiert, von der Polka bis zum Marsch, er komponiert aber auch Musik für Dokumentationen und Spielfilme. Mit seiner Tuba ist er ein echter Star der Blasmusik. Längst hat Mathias Rauch aber auch in der klassischen Musik eine Traumkarriere hingelegt. Nach seinem Studium an der Musikhochschule München spielt er in großen internationalen Orchestern und bei den Wiener Philharmonikern. „Das ist der Traum eines jeden Musikers, es war wirklich berauschend." Doch dieser Traum endet von einer Minute auf die andere. Bei einer Routineuntersuchung wird bei ihm völlig überraschend ein fortgeschrittener Kieferkrebs entdeckt. „Es war ein Schock, da muss man gar nicht herumreden. Man ist dann wie in Trance", erinnert sich Mathias.

Die Krankheit raubt ihm sein wichtigstes Werkzeug. Mit einem kaputten Kieferknochen ist es unmöglich, die Tuba oder ein anderes Blasmusikinstrument zu spielen. „Es ist wie bei einem Fußballer, dem ausgerechnet sein Bein zerstört wird." Auf einen Schlag ist alles vorbei und Mathias hat dadurch auch große psychische Probleme: „Ich habe einen regelrechten Hass entwickelt, ein Gefühl, das ich vorher nicht kannte. Einen Hass auf die Krankheit, auf die Musik und am allermeisten auf mein Talent."

Was alles in seinem Leben anders gewesen wäre, hätte er nicht dieses „verdammte Talent", darum kreisen viele seiner Gedanken: Wäre Mathias Konditor geworden, wie er es früher einmal wollte, wäre der Kieferkrebs nicht so schlimm. Auf Wunsch der Eltern machte er stattdessen eine Metzgerlehre, auch in diesem Beruf wäre er jetzt nicht verloren. Aber Mathias folgt seinem überragenden Talent und studiert Musik. Er hat gar keine andere Wahl, denn die Musik gewinnt für ihn im Lauf der Jahre immer mehr an Bedeutung, sie wird sein Leben. Schon mit neun Jahren lernt er Tuba, da ist das Instrument noch fast größer als er. Mit 13 Jahren erwirbt er mit Bravour das Goldene Leistungsabzeichen – er ist bis heute der jüngste Tubist, dem das gelungen ist, und das alles ohne großartigen Übungsmarathon. Kein Wunder, dass er als Kind herumgereicht wird von einem Auftritt zum nächsten, denn jeder will den Buben sehen mit seinem außergewöhnlichen Können. Nur Mathias selbst kann den ganzen Trubel um seine Person nicht einordnen. Wie sollte ein Kind das auch verstehen, wenn ihm selbst schwerste Stücke so mühelos gelingen.

Das alles geht ihm jetzt durch den Kopf, als er die Diagnose erhält, die das sichere Ende seiner Musikerkarriere bedeutet. Die Ärzte schlagen ihm eine Kieferspaltung vor samt Durchtrennung des Hauptnervs im Gesicht – eine Horrorvorstellung, durch eine halbseitige Gesichtslähmung lebenslang gezeichnet zu sein. Es wird dann doch eine schonendere Methode, bei der eine zentimeterlange Titanplatte in den Kiefer operiert wird. Doch die Gesichtslähmung, die sich bei dieser Methode eigentlich zurückbilden sollte, bessert sich lange Zeit nicht.

Die Verzweiflung muss sehr groß gewesen sein, denn Mathias verbannt die Musik vollends aus seinem Leben, er verkauft alle Musikinstrumente, will mit dem ganzen Metier nichts mehr zu tun haben. Er geht wieder als Metzger arbeiten und zieht sich darüber hinaus in die Einsamkeit zurück. Erst als die Ärzte ihm klipp und klar sagen, dass das mit der Heilung nichts mehr werden wird, kann Mathias Rauch innerlich so etwas wie Ruhe finden und sich endlich mit der Krankheit abfinden. Was er am wenigsten erwartet: Genau damit macht er selbst den Weg zur Genesung frei.

Zu viel Verzweiflung, zu viel negative Gefühle und zu viel Hass auf sich selbst und die Welt – in dieser Zeit geht so ziemlich alles kaputt, was Mathias sich aufgebaut hat, was ihm einmal viel wert gewesen ist. Er ist finanziell am Nullpunkt angelangt, die Ehe scheitert, viele Freundschaften zerbrechen. „Ich hätte viel Kraft gebraucht, konnte aber nichts mehr annehmen. Wenn dir in dieser Situation noch ein einziger Freund bleibt, dann hilft dir das sehr, mehr brauchst du gar nicht. Außer in meinem Fall meine damals kleine Tochter, die hat mir immer sehr viel Auftrieb gegeben und mich nicht aufgeben lassen."

Sonst ist er damals mit der Welt fertig. „Ich wollte und konnte keine Erwartungen mehr erfüllen", erinnert sich Mathias Rauch an eine Phase totaler Verweigerung, in der aber eine ganz eigene Dynamik liegt. Denn ein allerletztes Mal will er dann doch noch komponieren, allerdings nicht für andere Menschen, sondern diesmal nur für sich selbst. Er schreibt in aller Ruhe eine besinnliche Nummer nach der anderen. Musik, die ganz aus seinem Innersten kommt. Diese „Blasmusik für die Seele" wird eine seiner erfolgreichsten Produktionen und erzeugt besonders viel Echo. „Diese Musik berührt so viele Menschen, ich bekomme seither Anrufe und Briefe von Menschen aus der ganzen Welt, die sich bedanken, weil ihnen diese Musik so guttut, oder andere schreiben, dass sie mit dieser Musik von einer Krankheit genesen sind oder dass sie mit dieser Musik einmal sterben wollen, die Musik wird bei Begräbnissen gespielt, aber auch auf Hochzeiten, also auch in glücklichen Momenten."

Die Frage liegt nahe, ob sich in dieser Musik seine verwundbare Seele an die Oberfläche gekämpft hat: „Ja, wahrscheinlich, diese Musik ist genau in der Zeit entstanden, als ich wieder einen Rückfall hatte und Angst haben musste, ob alles gut ausgeht."

Und noch eine der ganz bekannten Kompositionen von Mathias Rauch entsteht in dieser Zeit: die „Pöhamer Musikantenmesse", die sein absolut letztes Werk sein sollte und wiederum so viele Menschen berührt. „Man hört die Natur und die Heimat heraus, man hört die Klassik heraus, ich habe mit diesem Werk eigentlich abgerechnet mit meiner Vergangenheit und alles hineingepackt, es sollte so etwas wie mein Vermächtnis werden." Wie viel Kraft langsam wieder in Mathias Rauch heranwächst, aber auch wie viel Gefühl in der Krankheit frei geworden ist, kann man angesichts dieser Melodien nur erahnen.

Als Mathias Rauch nach Jahren wieder ganz gesund ist, kehrt auch die frühere Leichtigkeit wieder zurück und die Lebensfreude. Lächelnd erzählt er, dass er durch das Chaos in seinem Leben damals einen Kompositionsauftrag übersehen hat. „Eine Musikkapelle

wartete dringend auf eine Polka von mir, und ich habe einfach gesagt, morgen habt ihr sie." Eine eingängige Melodie will er schreiben,
nicht zu kompliziert soll sie sein, aber doch einen gewissen Anspruch
haben – und am nächsten Tag ist sie wie versprochen fertig: die Polka
namens „Böhmische Liebe", die jedem Freund dieses Genres ein Lächeln ins Gesicht zaubert. Denn diese Polka ist ein wahrer Ohrwurm
und stürmt die Charts.

Beim „Woodstock der Blasmusik" in Oberösterreich, einem mehr-
tägigen Festival mit 70.000 Besuchern, ist die neue Polka einer der
Höhepunkte. „Da hatte ich schon Gänsehaut", erzählt Mathias Rauch,
„ich auf der Bühne und vor mir tausende Blasmusikanten, die alle ihr
Instrument mithaben und auswendig meine Polka spielen und singen und meinen Namen rufen. Auch wenn es Aufführungen mit weit
weniger Menschen gibt, die mir viel mehr bedeuten, das war schon
ein sehr bewegender Moment."

An den Rummel um seine Person muss sich Mathias Rauch einmal
mehr gewöhnen, da geht es ihm nicht anders als in der Kindheit.
„Jeder erinnert sich an den einsamen Spaziergang von Franz Becken-
bauer im Fußballstadion beim Finale der Fußball-WM in Rom, weil
das halt seine Art war, diesen Sieg zu genießen, und nicht sich in
Champagnerduschen feiern zu lassen", und so geht es mir bis heute.

Erfolg kann Menschen sehr verändern. Mathias Rauch hat nicht
vor, durch seinen Superhit und den damit verbundenen wirtschaft-
lichen Erfolg ein anderer zu werden. Er lebt in einer neuen Beziehung und genießt sein naturverbundenes Leben. Stundenlang kann
er irgendwo auf einer Bank sitzen und den Vögeln zusehen oder
den Wolken, erzählt der Komponist und Musiker, der inzwischen
auch wieder in einer Blasmusikgruppe spielt. Durch hartes Training
konnte er als Tubist sogar wieder internationales Niveau erreichen
und tauscht manchmal wieder die Lederhose gegen den Frack, um
wie vor der Krankheit mit großen europäischen Spitzenorchestern zu
konzertieren.

„Vor meiner Krankheit habe ich ein Leben in Saus und Braus geführt", sagt Mathias. „Heute brauche ich das nicht mehr. Ich stelle
mich immer wieder einmal für Tage oder Wochen in die Metzgerei

oder ich klopfe im Gasthaus Schnitzel, weil ich inzwischen gemerkt habe, wie sehr mich das erdet und wie gut das meinem Kopf tut."

Der Kopf arbeitet währenddessen schon wieder an den nächsten Melodien und am nächsten Projekt. Nach den „Liedern für die Seele" ist Mathias Rauch auf den Geschmack gekommen, und er komponiert wieder etwas ganz Leises, Sanftes, das die Menschen berühren kann. Diesmal will er auf einer DVD auch die Bilder dazu liefern, die ihn zu seinen Melodien inspiriert haben: schöne Sonnenuntergänge, grüne Wiesen, Wälder in Lichtstimmungen. Er betrachtet das alles mit viel Muße, während er auf seinem Lieblingsplatz sitzt – auf einer Bank inmitten unberührter Natur, um sich herum die Bergwelt. „Wenn man wieder gesund ist, braucht man nicht mehr so viel im Leben", sagt Mathias Rauch und lächelt in seinem selbstgestrickten, uralten Janker, der ihn die ganze schwere Zeit über begleitet hat.

Mathias Rauch ist trotz Kiefer-krebs ein begnadeter Musiker geblieben (**1**). Beim „Woodstock der Blasmusik" spielten tausen-de Musikanten seine Komposi-tion „Böhmische Liebe" (**2**). Doch die Krankheit hat Mathias Rauch auch verändert: Er sucht heute mehr die Stille und die Einsam-keit (**3/4**).

Fotocredit: 2 Mayr/Mucke

 Gedruckt mit Unterstützung der Tiroler Landesregierung, Abteilung Kultur

Nachhaltige Produktion ist uns ein Anliegen; wir möchten die Belastung unserer Mitwelt so gering wie möglich halten. Über unsere Druckereien garantieren wir ein hohes Maß an Umweltverträglichkeit: Wir lassen ausschließlich auf FSC®-Papieren aus verantwortungsvollen Quellen drucken und verwenden Farben auf Pflanzenölbasis. Wir produzieren in Österreich und im nahen europäischen Ausland, auf Produktionen in Fernost verzichten wir ganz.

© 2020 Verlagsanstalt Tyrolia, Innsbruck
Umschlaggestaltung: stadthaus 38, Innsbruck
Layout und digitale Gestaltung: Georg Toll, www.tollmedia.at
Bildnachweis: die ganzseitigen Porträtfotos stammen von Gerhard Berger, außer S. 34 (Inge Prader), 42 (Franz Oss) und 60 (Michael Rathmayr); die anderen Fotos stammen aus den Privatarchiven der Porträtierten.
Lithographie: artilitho, Trento
Druck und Bindung: Finidr, Tschechien
ISBN 978-3-7022-3865-0 (gedrucktes Buch)
ISBN 978-3-7022-3889-6 (E-Book)
E-Mail: buchverlag@tyrolia.at
Internet: www.tyrolia-verlag.at